Beverly Cleary

Ramona la peste

Traduit de l'américain
par Isabelle Reinharez
Illustrations de Louis Darling

Neuf
l'école des loisirs
11, rue de Sèvres, Paris 6e

Beverly Cleary est née dans une petite ville de l'Orégon aux États-Unis. Sa famille déménage à Portland, sur la côte ouest quand Beverly atteint l'âge scolaire. Elle y fait ses études secondaires puis à Seattle des études de bibliothécaire pour enfants. En 1939 elle obtient son premier poste à Yakima dans l'état de Washington.

En 1940 elle se marie avec Clarence Cleary. Ils auront deux enfants, un garçon et une fille.

Depuis 1950, Beverly Cleary a écrit une vingtaine de livres pour enfants.

Louis Darling (1916-1970) a passé sa vie dans le Connecticut non loin de New York. Il a illustré plus de soixante livres pour enfants comme pour adultes.

Seul ou avec sa femme Loïs, il a écrit et illustré plusieurs ouvrages ayant comme thème la vie des animaux et la nature.

© *1987, l'école des loisirs, Paris, pour l'édition en langue française*
© *1968, Beverly Cleary*
Titre original : « Ramona the pest » (William Morrow, New York)
Loi n° 49.956 du 16 juillet 1949 sur les publications
destinées à la jeunesse : septembre 1987
Dépôt légal : août 1995
Imprimé en France par B.C.I., Saint-Amand-Montrond
En août 1995 - N° d'imp. : 1/1794 - N° d'édit. : 1244

CHAPITRE 1
Le grand jour

«JE NE SUIS *pas* une peste», affirma Ramona Quimby à sa grande sœur Beezus.

«Alors arrête de te conduire comme une peste», riposta Beezus, dont le vrai nom était Béatrice. Plantée devant la fenêtre qui donnait sur la rue, elle attendait son amie Mary Jane pour faire avec elle le chemin jusqu'à l'école.

«Je ne me conduis pas comme une peste. Je chante et je saute», précisa Ramona, qui n'avait appris que très récemment à sauter à pieds joints. Ramona ne se trouvait pas peste du tout. Les autres pouvaient bien dire tout ce qu'ils voulaient, elle ne se trouvait jamais peste. Les gens qui la traitaient de peste étaient toujours plus grands qu'elle, alors ils pouvaient être injustes.

Ramona continua à chanter et à sauter. C'est un grand jour, un grand jour, un grand jour!» chantait-elle, et pour Ramona, qui se sentait une grande avec sa robe et non plus sa tenue pour jouer à la maison, c'était un grand jour, le plus grand jour de toute sa vie. C'était fini, elle ne regarderait plus, assise sur son tricycle, Beezus et Henry Huggins et tous les garçons et filles du quartier partir pour l'école. Aujourd'hui elle y allait elle aussi, à l'école. Aujourd'hui elle allait apprendre à lire et à écrire et à faire tous les trucs qui lui permettraient de rattraper Beezus.

«Allez, *viens,* Maman!» s'impatienta Ramona, en s'arrêtant de chanter et de sauter. «On ne doit pas être en retard à l'école.»

«Ne fais pas ta peste, Ramona», répondit Mme Quimby. «Tu ne seras pas en retard, c'est promis.»

«Je ne fais pas *ma peste*», protesta Ramona, qui n'avait jamais cette intention. Elle n'était pas un de ces lambins d'adultes. Elle était une petite fille qui ne pouvait pas attendre. La vie était si intéressante qu'il fallait qu'elle sache toujours tout de suite ce qui venait après.

Et puis Mary Jane arriva. «Mme Quimby, vous seriez d'accord pour que Beezus et moi nous emmenions Ramona à la maternelle?» demanda-t-elle.

«Non!» répondit Ramona aussitôt. Mary Jane, c'était le genre de filles qui voulaient toujours jouer à la maman et prendre Ramona comme bébé. Personne ne verrait Ramona traitée en bébé pour son premier jour d'école!

«Pourquoi pas?» demanda Mme Quimby à Ramona. «Tu pourrais partir pour l'école avec Beezus et Mary Jane, comme une grande.»

«Non, c'est pas vrai.» Ramona n'y croyait pas une seconde. Mary parlerait avec cette voix bébête qu'elle employait quand elle jouait à la maman, elle lui donnerait la main et l'aiderait à traverser la rue, et tout le monde prendrait Ramona pour un vrai bébé.

«S'il te plaît, Ramona», insista Beezus d'une voix enjôleuse. «Ça serait drôlement rigolo de t'emmener et de te présenter à la maîtresse de la maternelle.»

«Non!» dit Ramona, et elle tapa du pied. Beezus et Mary Jane s'amuseraient peut-être, mais pas elle. Personne, sinon une vraie grande personne, ne l'accompagnerait à l'école. S'il le fallait, elle piquerait une bonne grosse colère, et quand Ramona piquait une bonne grosse colère, d'habitude elle gagnait la partie. Les bonnes grosses colères, c'était souvent utile

quand on était la plus jeune de la famille et la plus petite de tout le pâté de maisons.

«Très bien, Ramona», dit Mme Quimby. «Surtout pas de bonne grosse colère. Si ça ne te plaît pas, tu n'es pas obligée d'aller avec les filles. Je t'emmènerai, moi.»

«Dépêche-toi, Maman», s'écria Ramona toute joyeuse, en regardant partir Beezus et Mary Jane. Mais quand enfin Ramona eut réussi à faire sortir sa mère de la maison, elle fut déçue de voir une des amies de sa mère, Mme Kemp, arriver avec son fils Howie et la petite sœur d'Howie, Willa Jean, dans sa poussette. «Dépêche-toi, Maman», insista Ramona, qui ne voulait pas attendre les Kemp. Sous prétexte que leurs mères étaient amies, Howie et elle auraient dû être inséparables.

«Bonjour!» cria Mme Kemp. Alors, bien sûr, la mère de Ramona fut obligée de les attendre.

Howie regarda Ramona fixement. Il n'avait pas plus envie qu'elle d'être bons amis.

Ramona le regarda fixement à son tour. Howie était un garçon genre costaud avec des cheveux blonds bouclés. («C'est du gâchis sur un garçon», remarquait souvent sa mère.) Les jambes de son jean neuf étaient retroussées, et il portait une chemise neuve à manches longues. Il n'avait pas du tout l'air excité d'entrer à la maternelle. C'était le problème avec Howie, trouvait Ramona. Rien ne l'excitait jamais. Willa Jean aux cheveux raides comme des baguettes de tambour, et qui intéressait beaucoup Ramona parce que c'était un vrai petit cochon, souffla une bouchée de miettes de biscotte mouillées et rit de sa brillante trouvaille.

«Aujourd'hui mon bébé me quitte», remarqua Mme Quimby avec un sourire, tandis que le petit groupe descendait Klickitat Street vers l'école Glenwood.

Ramona, qui était ravie d'être le bébé de sa maman, n'était pas ravie du tout qu'on l'appelle le bébé de sa maman, surtout devant Howie.

«Ils grandissent vite», observa Mme Kemp.

Ramona n'arrivait pas à comprendre pourquoi les grandes personnes s'étonnent toujours de la vitesse à laquelle les enfants grandissent. Ramona trouvait que grandir était le truc le plus long qui existe, encore plus long que d'attendre Noël. Elle avait attendu des années rien que pour entrer à la maternelle, et la dernière demi-heure était encore plus longue que tout le reste.

Quand le groupe atteignit le carrefour le plus proche de l'école Glenwood, Ramona fut contente de voir que l'ami de Beezus, Henry Huggins, était l'écolier responsable de la circulation à cet endroit-là. Après qu'Henry les eut conduits de l'autre côté de la rue, Ramona courut vers la maternelle, qui était un bâtiment provisoire en bois avec une cour de récréation séparée. Les mères et les enfants s'engouffraient déjà par la porte ouverte. Quelques enfants avaient l'air effrayé, et une fille pleurait.

«On est en retard!» s'écria Ramona. «Vite!»

Howie n'était pas le genre à se laisser bousculer. «Je ne vois pas un seul tricycle», remarqua-t-il d'un ton critique. «Je ne vois pas de tas de sable pour creuser.»

Ramona le toisa d'un air méprisant. «On n'est pas à la garderie. Les tricycles et le sable, c'est bon pour la garderie.»

Son tricycle, elle l'avait caché dans le garage, parce qu'il faisait trop bébé maintenant qu'elle allait à l'école.

Trois ou quatre grands du cours préparatoire passèrent en hurlant: «Bouh, les bébés de maternelle! Bouh, les bébés de maternelle!»

«On n'est *pas* des bébés!» riposta Ramona d'une voix perçante, en tirant sa mère dans la maternelle. Une fois à l'intérieur, elle se colla dans ses jambes. Tout était si bizarre, et il y avait tant de choses à voir: les petites tables et les chaises; la rangée de placards, chacun avec une image différente sur la porte; la cuisinière de poupée; et les cubes en bois assez gros pour monter dessus.

La maîtresse, qui était nouvelle à l'école Glenwood, se trouva être si jeune et jolie que ça ne devait pas être une grande personne depuis très longtemps. Le bruit courut qu'elle n'avait encore jamais fait la classe. « Bonjour, Ramona. Mon nom est Mlle Binney », dit-elle, en détachant bien chaque syllabe pendant qu'elle fixait sur la robe de Ramona une étiquette à son nom. « Je suis si contente que tu

sois venue à la maternelle.» Puis elle prit Ramona par la main et la mena vers un des petits pupitres. «Si tu veux être un trésor, assieds-toi ici», dit-elle avec un sourire.

Ramona entendit: «Si tu veux un trésor», et se mit aussitôt à aimer Mlle Binney.

«Au revoir, Ramona», dit Mme Quimby. «Sois sage.»

Tout en regardant sa mère sortir, Ramona réfléchit que l'école allait être encore mieux que ce qu'elle avait espéré. Personne ne l'avait prévenue qu'on lui donnerait un trésor dès le premier jour. Quel genre de trésor, se demanda-t-elle, en essayant de se rappeler si Beezus avait rapporté un trésor de l'école.

Ramona tendit l'oreille quand Mlle Binney mena Howie à une table; mais elle dit simplement: «Howie, j'aimerais que tu t'assoies ici.»

Chouette! pensa Ramona. Mlle Binney n'allait pas donner de trésor à tout le monde, qui sait, elle était peut-être sa chouchoute.

Ramona observa et écouta au fur et à mesure que les autres garçons et filles arrivaient, mais Mlle Binney ne promit rien aux autres. Ramona se demanda si son trésor serait enveloppé dans du papier de couleur avec un ruban autour comme un cadeau d'anniversaire. Elle l'espérait de tout son cœur.

Ramona resta assise à attendre son trésor et regarda les autres enfants que leurs mères présentaient à Mlle Binney. Elle trouva deux élèves de la maternelle du matin particulièrement intéressants. L'un était un garçon qui s'appelait Davy, petit, maigre et remuant. Il était le seul garçon de la classe en culottes courtes, et il plut tout de suite à Ramona. Il lui plut tellement qu'elle se dit qu'elle aimerait beaucoup l'embrasser.

L'autre personne intéressante était une grande fille qui s'appelait Susan. Les cheveux de Susan étaient comme ceux des filles qu'on voyait sur les images des histoires de l'ancien temps que Beezus aimait lire. Ils étaient brun-roux, ils tombaient sur ses épaules et ils s'enroulaient comme des ressorts qui rebondissaient quand elle marchait. Ramona n'avait jamais vu des boucles pareilles. Toutes les filles bouclées qu'elle connaissait avaient les cheveux courts. Ramona toucha ses cheveux à elle, courts et raides, d'un châtain tout bête, et brûla d'impatience de toucher cette chevelure lustrée et élastique. Elle brûla d'impatience d'étirer une de ces boucles et de la regarder se recroqueviller. *Boïng!* pensa Ramona, en faisant dans sa tête un bruit de ressort comme dans les dessins animés à la télévision, et en regrettant de ne pas avoir des cheveux épais, élastiques et *boïng-boïng* comme ceux de Susan.

Howie interrompit les réflexions admiratives de Ramona. «Tu crois qu'on va bientôt sortir jouer dehors?» demanda-t-il.

«Quand Mlle Binney m'aura donné mon trésor, peut-être», répondit Ramona. «Elle a dit qu'elle allait m'en donner un.»

«Et pourquoi est-ce qu'elle va te donner

un trésor, à toi ?» Howie voulait savoir. «A moi, elle ne m'a rien dit du tout. »

«Peut-être que je suis sa chouchoute», suggéra Ramona.

Cette nouvelle ne fut pas du goût d'Howie. Il se tourna vers son voisin, et lança : «*Elle* va avoir un trésor. »

Ramona se demanda combien de temps il faudrait qu'elle reste assise là pour avoir le trésor. Si au moins Mlle Binney comprenait comme c'était dur pour elle d'attendre ! Quand le dernier enfant eut été accueilli et la dernière mère éplorée fut partie, Mlle Binney prononça un petit discours sur les règlements de la maternelle et montra à la classe la porte qui menait aux cabinets. Ensuite elle attribua à chacun un petit placard. Sur la porte du placard de Ramona il y avait l'image d'un canard jaune, et sur celle d'Howie une grenouille verte. Mlle Binney expliqua que sur leurs portemanteaux, dans le vestiaire, ils retrouveraient les mêmes images. Et puis elle demanda à la classe de l'accompagner en silence jusqu'au vestiaire pour que chacun trouve son portemanteau.

C'était un vrai supplice, mais Ramona ne bougea pas. Mlle Binney ne lui avait pas demandé de se lever et d'aller au vestiaire pour son trésor. Elle lui avait dit de s'asseoir ici, et Ramona resterait assise jusqu'à ce qu'on le lui donne. Elle resterait assise comme si elle était collée à la chaise.

Howie fit la grimace à Ramona en revenant du vestiaire, et souffla à un autre garçon : « La maîtresse va *lui* donner un trésor. »

Évidemment, le garçon voulut savoir pourquoi. « Je ne sais pas », admit Ramona. « Elle m'a dit que si je m'asseyais ici, j'aurai un trésor. Je crois que je suis sa chouchoute. »

Le temps que Mlle Binney revienne du vestiaire, l'histoire du trésor de Ramona avait fait le tour de la classe.

Ensuite Mlle Binney apprit à la classe les paroles d'une drôle de chanson qui parlait de «la lumière des lobeluits», et que Ramona ne comprit pas parce qu'elle ne savait pas ce que c'était que des lobeluits. «Oh, voyez-vous, quand la lumière des lobeluits», entonna Mlle Binney, et Ramona décida que lobeluit était un autre mot pour dire lampe.

Mlle Binney chanta d'abord la chanson plusieurs fois, et puis elle demanda à la classe de se lever et de chanter avec elle. Ramona ne bougea pas. Howie et quelques autres non plus, et Ramona comprit qu'ils espéraient qu'on leur donne un trésor, à eux aussi. Copieurs, pensa-t-elle.

«Debout, et tenez-vous bien droit comme de bons Américains», ordonna Mlle Binney d'une voix si ferme qu'Howie et les autres se levèrent à contrecœur.

Ramona se dit qu'il faudrait qu'elle soit une bonne Américaine assise.

«Ramona», demanda Mlle Binney, «ne vas-tu pas te mettre debout comme nous tous?»

Ramona réfléchit à toute allure. Peut-être que la question était une sorte d'épreuve, comme dans les contes de fées. Peut-être que Mlle Binney la mettait à l'épreuve pour voir si elle réussissait à lui faire quitter sa chaise. Si elle ne passait pas l'épreuve avec succès, pas de trésor.

«Je ne peux pas», dit Ramona.

Mlle Binney eut l'air perplexe, mais elle n'insista pas pour faire lever Ramona pendant que la classe chantait avec elle la chanson des lobeluits. Ramona chanta avec les autres et souhaita que son trésor vienne ensuite, mais quand la chanson se termina, Mlle Binney ne parla pas du trésor. Elle prit un livre. Ramona se dit qu'enfin était venu le moment d'apprendre à lire.

Mlle Binney, debout devant sa classe, commença à lire à haute voix l'histoire de *Mike Mulligan et sa pelle mécanique*, un des livres préférés de Ramona parce que, à la différence de tant de livres pour son âge, il n'était ni sage et endormant, ni gentil et joli. Ramona, qui faisait toujours semblant d'être collée à sa chaise, fut ravie d'entendre une fois encore raconter cette histoire, et écouta en silence avec le reste de la classe maternelle l'histoire de la vieille pelle mécanique de Mike Mulligan, qui prouva qu'elle valait encore quelque chose en creusant les fondations du nouvel hôtel de ville de Poppersville en une seule journée en commençant à l'aube et en finissant au coucher du soleil.

Pendant que Ramona écoutait, une question lui vint à l'esprit, une question qui la tracassait toujours dans les livres qu'on lui lisait. Les livres laissaient toujours de côté les choses les plus importantes que l'on voulait savoir. Maintenant que Ramona était à l'école, et comme à l'école on y allait pour apprendre, peut-être que Mlle Binney pourrait répondre à la question. Ramona attendit gentiment que la maîtresse ait terminé l'histoire, et puis elle leva la main comme Mlle Binney avait demandé qu'on lève la main quand on voulait prendre la parole.

Joey, qui oublia de lever la main, lança : « Il est drôlement bien, ce livre. »

Mlle Binney sourit à Ramona, et remarqua : « J'aime comme Ramona se souvient de lever la main quand elle a quelque chose à dire. Oui, Ramona ? »

Ramona reprit espoir. Sa maîtresse lui avait souri. « Mlle Binney, je voudrais savoir.. comment Mike Mulligan a été aux cabinets quand il creusait les fondations de l'hôtel de ville ? »

Le sourire de Mlle Binney parut durer plus longtemps que les sourires normaux. Ramona jeta des coups d'œil anxieux autour d'elle et vit que les autres attendaient la réponse avec intérêt. Tout le monde voulait savoir comment Mike Mulligan faisait pour aller aux cabinets.

« Eh bien… » finit par dire Mlle Binney. « Je ne sais pas très bien, Ramona. Le livre ne nous le raconte pas. »

«Moi aussi, j'ai toujours voulu savoir», s'écria Howie, sans lever la main, et d'autres murmurèrent qu'ils étaient d'accord. Toute la classe, semblait-il, s'était demandé comment Mike Mulligan allait aux cabinets.

«Peut-être qu'il arrêtait la pelle mécanique et qu'il sortait du trou qu'il creusait et qu'il allait dans une station-service», suggéra un garçon qui s'appelait Éric.

«Mais non. Le livre dit qu'il devait travailler à toute vitesse, toute la journée», souligna Howie. «Il ne dit pas qu'il s'est arrêté.» ·

Mlle Binney fit face aux vingt-neuf très sérieux élèves de la maternelle, qui tous voulaient savoir comment Mike Mulligan allait aux cabinets.

«Les enfants», commença-t-elle, et elle parla de sa façon claire et distincte. «Si le livre ne nous raconte pas comment Mike Mulligan allait aux cabinets, c'est que ça ne compte pas dans l'histoire. L'histoire raconte comment ont été creusées les fondations de l'hôtel de ville, et le livre ne nous en dit pas plus.»

Le ton de Mlle Binney laissait entendre que le sujet était clos, mais la maternelle n'était pas convaincue. Ramona savait, et le reste de la classe savait, que savoir comment aller aux cabinets *était* important. Ils étaient étonnés que Mlle Binney ne comprenne pas, puisqu'elle leur avait montré les cabinets en premier. Ramona se rendit compte qu'il y avait des choses qu'elle n'apprendrait pas à l'école, et avec toute la classe elle regarda Mlle Binney d'un air de reproche.

La maîtresse parut embarrassée, comme si elle sentait qu'elle avait déçu sa classe de maternelle. Elle se reprit bien vite, ferma le livre, et annonça aux enfants que s'ils sortaient en silence dans la cour de récréation, elle leur apprendrait un jeu qui s'appelait le Canard Gris.

Ramona ne bougea pas. Elle regarda le reste de la classe quitter la salle et admira les boucles *boïng-boïng* de Susan qui rebondissaient sur ses épaules, mais elle ne fit pas un geste. Seule Mlle Binney pouvait décoller la colle imaginaire qui la retenait là.

«Ne veux-tu pas apprendre à jouer au Canard Gris, Ramona?» demanda Mlle Binney.

Ramona hocha la tête. «Si, mais je ne peux pas.»

«Et pourquoi pas?» demanda Mlle Binney.

«Je ne peux pas me lever», expliqua Ramona. Et comme Mlle Binney ne comprenait pas, elle ajouta: «A cause du trésor.»

«Quel trésor?» Mlle Binney semblait si sincèrement surprise que Ramona commença à se sentir mal à l'aise. La maîtresse s'assit sur la petite chaise à côté de celle de Ramona, et demanda: «Explique-moi pourquoi tu ne peux pas jouer au Canard Gris.»

Ramona se tortilla, épuisée par une si longue attente. Elle avait l'impression désagréable que quelque chose s'était mal embringué.

«Je veux jouer au Canard Gris, mais vous…» elle s'arrêta, de peur de dire ce qu'il ne fallait pas.

«Mais je quoi?» insista Mlle Binney.

«Ben… euh… vous avez dit que si je restais assise ici j'aurais un trésor», finit par déclarer Ramona, «mais vous n'avez pas dit combien de temps je devais rester assise ici.»

Si Mlle Binney avait d'abord semblé surprise, maintenant elle semblait décontenancée. «Ramona, je ne comprends pas…» commença-t-elle.

«Si, c'est vrai», assura Ramona, avec un hochement de tête. «Vous m'avez dit de m'asseoir ici pour un trésor, et je suis restée assise ici depuis que l'école a commencé mais vous ne m'avez rien donné.»

Le visage de Mlle Binney devint tout rouge et elle eut l'air si gêné que Ramona n'y comprit plus rien du tout. Normalement les maîtresses ne devaient pas avoir cet air-là.

Mlle Binney parla d'une voix douce.

«Ramona, je crains qu'il y ait eu un malentendu entre nous.»

Ramona ne mâcha pas ses mots. «Quoi, je n'aurai pas de trésor?»

«Je crains que non», avoua Mlle Binney. «J'ai simplement voulu te dire, avec un mot gentil, que je désirais que tu t'assoies ici pour l'instant, parce que plus tard je ferai peut-être changer les enfants de place.»

«Oh!» Ramona était tellement déçue qu'elle ne trouva rien à répondre. Les mots étaient si déroutants. Pourquoi est-ce que le même pouvait dire deux choses différentes?

Maintenant tous les enfants se bousculaient autour de la porte pour voir ce qu'il était arrivé à leur maîtresse. «Je suis vraiment désolée», avoua Mlle Binney. «Tout est de ma faute. J'aurais dû choisir d'autres mots.»

«Ça ne fait rien», bredouilla Ramona, penaude à l'idée que la classe verrait que finalement elle n'aurait pas de trésor.

«Très bien, les enfants», dit vivement Mlle

Binney. « Sortons jouer au Canard Gris. Toi aussi, Ramona. »

Le Canard Gris, c'était un jeu facile, et Ramona retrouva vite le moral. La classe formait un cercle, et celui qui « y » était choisissait quelqu'un qui devait le poursuivre autour du cercle. Si « y » se faisait prendre avant de retrouver sa place dans le cercle, on l'envoyait au centre du cercle, qui s'appelait le pot de mélasse, et celui qui l'avait attrapé devenait « y ».

Ramona essaya de se mettre à côté de la fille aux boucles élastiques, mais elle se retrouva à côté d'Howie. « Je croyais qu'on allait te donner un trésor », rigola Howie.

Ramona se contenta de froncer les sourcils et de faire la grimace à Howie, qui « y » était, mais finit très vite dans le pot de mélasse parce que son nouveau jean était si raide qu'il le freinait. « Regardez Howie, il est dans le pot de mélasse ! » triompha Ramona.

Howie paraissait au bord des larmes, ce que

Ramona trouva idiot de sa part. C'était un truc de bébé de pleurer dans le pot de mélasse.

A moi, à moi, pourvu que quelqu'un me choisisse ! priait Ramona, en sautant sur place. Elle mourait d'envie que vienne son tour de courir autour du cercle. Susan sautait sur place, elle aussi, et ses boucles s'agitaient de façon alléchante.

Enfin Ramona sentit une tape sur son épaule. Son tour était venu de courir autour du cercle ! Elle courut le plus vite possible pour rattraper les tennis qui martelaient l'asphalte devant elle. Les boucles *boïng-boïng* étaient de l'autre côté du cercle. Ramona s'en rapprochait. Elle tendit la main. Elle attrapa une boucle, une grosse boucle élastique.

« *Aïe !* » hurla la propriétaire des boucles.

Effarée, Ramona lâcha. Le hurlement la surprit tant qu'elle en oublia de regarder la boucle de Susan se recroqueviller.

Susan agrippa ses boucles d'une main et de l'autre désigna Ramona. « Cette fille m'a tiré les cheveux! Cette fille m'a tiré les cheveux! Ouille-ouille-ouille.» Ramona trouvait que Susan exagérait. Elle n'avait pas voulu lui faire mal. Elle voulait seulement toucher ces beaux cheveux élastiques qui étaient si différents de ses cheveux à elle, bruns et raides.

«Ouille-ouille-ouille!» cria Susan à tue-tête; tout le monde la regardait.

«Bébé», lança Ramona.

«Ramona», intervint Mlle Binney, «dans notre maternelle nous ne tirons pas les cheveux.»

«Susan n'a pas besoin de faire le bébé comme ça», rétorqua Ramona.

«Va donc t'asseoir sur le banc devant la porte pendant que nous tous continuons à jouer», ordonna Mlle Binney à Ramona.

Ramona n'avait aucune intention de s'asseoir sur un banc. Elle voulait jouer au Canard Gris avec le reste de la classe. «Non», décréta Ramona, en se préparant à piquer une bonne grosse colère. «J'irai pas.»

Susan s'arrêta de hurler. Un terrible silence
tomba sur la cour de récréation. Tout le monde
fixa Ramona avec de tels yeux qu'elle eut
presque l'impression qu'elle commençait à

rétrécir. Rien de semblable ne lui était jamais encore arrivé.

«Ramona», dit Mlle Binney avec calme. «Va t'asseoir sur le banc.»

Sans un mot, Ramona traversa la cour de récréation et s'assit sur le banc à côté de la porte de la maternelle. Le jeu du Canard Gris continua sans elle, mais la classe ne l'avait pas oubliée. Howie sourit dans sa direction. Susan garda son air offensé. Certains riaient et montraient Ramona du doigt. D'autres, surtout Davy, paraissaient inquiets, comme s'ils n'avaient pas imaginé qu'une punition aussi terrible pouvait être infligée à la maternelle.

Ramona balança les pieds et fit semblant de regarder des ouvriers qui construisaient un nouveau marché de l'autre côté de la rue. Malgré le malentendu au sujet du trésor, elle voulait tant être aimée par sa nouvelle et jolie maîtresse!

Des larmes montèrent aux yeux de Ramona, mais elle ne pleurerait pas. Personne ne traiterait Ramona Quimby de pleurnicheuse. Jamais.

Dans le jardin voisin de la maternelle, deux petites filles, de deux et quatre ans à peu près, épiaient Ramona d'un air sévère à travers la palissade. « Tu vois cette fille », dit la plus vieille à sa petite sœur. « Elle est assise là parce qu'elle a été vilaine. » La petite de deux ans parut impressionnée de se trouver en présence de tant de méchanceté. Ramona regarda par terre, elle avait tellement honte.

Quand le jeu se termina, la classe passa à la queue leu leu devant Ramona pour rentrer dans la maternelle. « Tu peux venir maintenant, Ramona », dit Mlle Binney gentiment.

Ramona se laissa glisser du banc et suivit les autres. Même si elle n'était pas aimée, elle était pardonnée, et c'était déjà ça. Elle espéra qu'était enfin venu le moment d'apprendre à lire et à écrire.

Dedans, Mlle Binney annonça que c'était l'heure de se reposer. Encore une déception pour Ramona, qui trouvait que quand on allait à la maternelle on était trop vieux pour se reposer. Mlle Binney donna à chaque enfant un matelas décoré de la même image que celle du placard et montra à chacun où l'étaler sur le sol. Quand les vingt-neuf enfants furent allongés, pas un ne se reposa. Ils se dressaient pour voir ce que faisaient les autres. Ils se tortillaient. Ils chuchotaient. Ils toussaient. Ils demandaient: «On doit faire la sieste encore combien de temps ?»

«Chut-t», souffla Mlle Binney, d'une voix douce, calme et endormie. «Celui qui se reposera le plus sagement sera la fée-réveille.»

«C'est quoi, la fée-réveille?» demanda Howie, en se dressant d'un bond.

«Chut-t», murmura Mlle Binney. «La fée-réveille passe sur la pointe des pieds et réveille la classe avec sa baguette magique. Et c'est le plus sage qu'elle réveille en premier.»

Ramona décida qu'elle serait la fée-réveille, ainsi Mlle Binney saurait qu'elle n'était pas si vilaine que ça. Elle se coucha à plat dos, les mains plaquées sur les côtés. Le matelas était fin et le sol était dur, mais Ramona ne se tortilla pas. Elle aurait juré qu'elle était la meilleure dormeuse de la classe, parce qu'elle entendait les autres s'agiter sur leurs matelas. Juste pour montrer à Mlle Binney qu'elle dormait pour de vrai, elle lança un petit ronflement, pas un gros ronflement, un léger ronflement, pour prouver quelle bonne dormeuse elle était.

Des tas de petits rires fusèrent, suivis de plusieurs ronflements, moins légers que celui de Ramona. Ils en amenèrent de plus en plus, de moins en moins légers, jusqu'à ce que tout le monde ronfle, sauf les quelques-uns qui ne savaient pas ronfler. Eux, ils gloussaient.

Mlle Binney tapa dans ses mains et parla d'une voix qui n'était plus ni douce, ni calme, ni endormie. «Très bien, les enfants!» lança-t-elle. «Ça suffit maintenant! Nous ne ronflons pas et nous ne ricanons pas pendant la sieste.»

«C'est Ramona qui a commencé», s'écria Howie.

Ramona s'assit et fit la grimace à Howie. «Rapporteur», laissa-t-elle tomber avec mépris. Au-delà d'Howie elle vit que Susan était sagement allongée, ses belles boucles étalées sur son matelas et les paupières serrées.

«Ben, c'est vrai», insista Howie.

«Les enfants!» La voix de Mlle Binney était cassante. «Nous devons nous reposer pour ne pas être fatigués quand nos mamans viendront nous chercher.»

«Votre maman vient aussi vous chercher?» demanda Howie à Mlle Binney. Ramona s'était posé la même question.

«Ça suffit, Howie!»

Mlle Binney parla comme le font parfois

les mamans juste avant le dîner. Tout de suite après, elle reprit sa voix douce et endormie. «J'aime comme Susan se repose bien gentiment», remarqua-t-elle. «Susan, tu peux être la fée-réveille et toucher les enfants avec cette baguette pour les réveiller.»

En fait la baguette magique n'était rien d'autre qu'un banal double décimètre. Ramona resta sagement allongée, mais ses efforts n'eurent aucun résultat. Susan avec ses boucles qui rebondissaient sur ses épaules toucha Ramona en dernier. Ce n'est pas juste, pensa Ramona. Elle n'était pas la moins bonne dormeuse de la classe. Howie était bien pire.

Le reste de la matinée passa très vite. La classe fut autorisée à découvrir les peintures et les jouets, et ceux qui voulaient avaient le droit de dessiner avec leurs crayons neufs. Ils n'apprirent pas, cependant, à lire et à écrire, mais Ramona se dérida quand Mlle Binney expliqua que tous ceux qui avaient quelque chose à partager avec la classe pourraient l'apporter à l'école le lendemain pour Montre et Raconte. Ramona fut contente d'entendre enfin la cloche sonner et de voir sa mère qui l'attendait de l'autre côté de la palissade. Mme Kemp et Willa Jean attendaient Howie, et tous les cinq rentrèrent ensemble.

Sans attendre, Howie lança : « Ramona a eu la punition du banc, et c'est la moins bonne dormeuse de la classe. »

Après tout ce qui s'était passé le matin, Ramona trouva que c'était trop. « Ferme ta boîte à camembert ! » hurla-t-elle à Howie juste avant de lui envoyer un coup de poing.

Mme Quimby attrapa Ramona par la main et la tira loin d'Howie. « Voyons, Ramona », commença-t-elle, et sa voix était ferme. « Ce n'est pas une façon de se tenir pour ton premier jour d'école. »

« Pauvre petite fille », compatit Mme Kemp. « Elle est épuisée. »

Rien ne mettait Ramona plus en rage que lorsqu'une grande personne disait, comme si elle ne pouvait pas l'entendre, qu'elle était épuisée.

«Je ne suis *pas* épuisée!» hurla-t-elle d'une voix perçante.

«Elle a eu tout le temps de se reposer sur le banc», souligna Howie.

«Écoute, Howie, ne te mêle pas de ça», intervint Mme Kemp. Et puis, pour changer de sujet, elle demanda à son fils: «Alors, ça te plaît la maternelle?»

«Oh! Je crois que ça ira», répondit Howie sans enthousiasme. «Il n'y a pas de sable pour creuser et pas de tricycles.»

«Et toi, Ramona?» demanda Mme Quimby. «Ça t'a plu la maternelle?»

Ramona réfléchit. La maternelle n'avait pas été ce à quoi elle s'était attendue. Pourtant, même si elle n'avait pas eu de trésor et si Mlle Binney ne l'aimait pas, ça lui avait plu de se trouver avec des garçons et des filles de son âge. Elle aimait chanter la chanson des lobe-luits et avoir son petit placard personnel.

«Je n'ai pas autant aimé que je pensais», avoua-t-elle avec franchise, «mais peut-être que ça s'arrangera quand il y aura Montre et Raconte.»

CHAPITRE 2
Montre et Raconte

RAMONA attendait des tas de choses avec impatience – perdre sa première dent, rouler à bicyclette et plus à tricycle, mettre du rouge à lèvres comme sa maman – mais avant tout elle attendait avec impatience Montre et Raconte. Pendant des années, Ramona avait regardé sa sœur Beezus partir pour l'école avec une poupée, un livre ou une jolie feuille à partager avec sa classe. Elle avait regardé l'ami de Beezus, Henry Huggins, passer devant chez elle sur le chemin de l'école avec des paquets informes et mystérieux. Elle avait écouté Beezus parler des choses intéressantes que sa classe apportait à l'école – des tortues, des stylos-billes à trois couleurs, une praire vivante dans un bocal avec du sable et de l'eau de mer.

Le moment était enfin arrivé pour Ramona de montrer et raconter. «Qu'est-ce que tu vas emporter pour montrer à ta classe?» demanda-t-elle à Beezus, en espérant récolter une idée.

«Rien», répondit Beezus, et elle entreprit d'expliquer. «Quand on arrive en neuvième, on commence à être un peu grand pour Montre et Raconte. En septième on peut venir avec quelque chose de vraiment original comme l'appendice de quelqu'un conservé dans du vinaigre ou un truc qui concerne les sciences sociales. Un vieux morceau de fourrure quand on étudie le commerce des fourrures, c'est parfait. Ou si un événement vraiment excitant a eu lieu, si ta maison a brûlé, ça serait parfait de le raconter. Mais en septième on n'apporte plus une vieille poupée ou une voiture de pompiers miniature à l'école. Et ça ne s'appelle pas Montre et Raconte. On prévient simplement la maîtresse qu'on a quelque chose d'intéressant.»

Ramona ne fut pas découragée. Elle avait l'habitude que Beezus devienne trop grande pour certaines activités juste quand elle, Ramona, atteignait enfin l'âge voulu. Elle fouilla dans son coffre à jouets et finit par en tirer sa poupée préférée, la poupée avec les cheveux qu'on pouvait laver pour de vrai. «Je vais emmener Chevrolet», annonça-t-elle à Beezus.

«Personne n'appelle une poupée Chevrolet», rétorqua Beezus, dont les poupées portaient des noms style Sandra ou Patty.

«Moi si», rétorqua Ramona. «Je trouve que Chevrolet est le plus beau nom du monde.»

«Écoute, c'est une poupée horrible», reprit Beezus. «Ses cheveux sont verts. Et puis, tu ne joues même pas avec.»

«Je lui lave les cheveux», répondit Ramona avec franchise, «et si ce qui lui reste de cheveux a l'air un peu vert, c'est juste parce que j'ai essayé de les teindre en bleu comme ceux de la grand-mère d'Howie, qui s'est fait teindre les cheveux en bleu chez le coiffeur. Maman a expliqué que de la teinture bleue sur des cheveux jaunes, ça donnait du vert. En tout cas, je trouve ça joli.»

Quand le moment arriva enfin de partir pour l'école, Ramona fut à nouveau déçue de voir Mme Kemp arriver avec Howie et la petite Willa Jean. «Maman, allez, *viens*», supplia Ramona, en tirant sur la main de sa mère, mais sa mère attendit que les Kemp les aient rattrapées. Willa Jean était encore plus cochon ce matin. Le devant de son pull était plein de miettes, et elle buvait du jus de pomme au biberon. Willa Jean lâcha son biberon dès qu'elle aperçut Chevrolet et resta assise à se baver du jus de pomme sur le menton, les yeux fixés sur la poupée de Ramona.

«Ramona emporte sa poupée à l'école pour Montre et Raconte», expliqua Mme Quimby.

Howie parut contrarié. «Je n'ai rien pour Montre et Raconte», avoua-t-il.

«Ce n'est pas grave, Howie», assura Mme

Quimby. «Mlle Binney ne s'attend pas à ce que tu apportes quelque chose tous les jours.»

«Je *veux* apporter quelque chose», décida Howie.

«Bon sang, Howie», s'exclama sa mère. «Imagine que vingt-neuf enfants apportent tous quelque chose. Mlle Binney n'aurait plus une minute pour vous faire la classe.»

«*Elle,* elle apporte un truc.» Howie montra Ramona du doigt.

L'attitude d'Howie rappelait quelque chose à Ramona. Elle tira sur la main de sa mère. «Allez, *viens,* Maman.»

«Ramona, je trouve que ça serait une bonne idée si tu courais à la maison et que tu trouvais quelque chose à prêter à Howie pour qu'il l'emporte à l'école», suggéra Mme Quimby.

Ramona ne trouva pas du tout que c'était une bonne idée, mais elle reconnut que prêter un truc à Howie serait sans doute plus rapide que de discuter avec lui. Elle courut dans la maison où elle attrapa le premier objet qui lui tomba sous les yeux – un lapin en peluche qui avait déjà beaucoup servi avant que le chat l'ait adopté comme marmotte d'entraînement. Le chat aimait mâchouiller la queue du lapin, le trimballer dans sa gueule, ou se coucher et le griffer avec ses pattes de derrière.

Quand Ramona fourra le lapin dans les mains d'Howie, Mme Kemp ordonna: «Dis merci, Howie.»

«C'est juste un vieux Jeannot lapin déglingué», protesta Howie d'une voix méprisante.

Dès que sa mère eut les yeux tournés, il tendit le lapin à Willa Jean, qui lâcha son jus de pomme, empoigna le lapin, et commença à lui mâchouiller la queue.

Exactement comme notre chat, pensa Ramona, tandis que le groupe marchait vers l'école.

«N'oublie pas le Jeannot lapin de Ramona», recommanda Mme Kemp quand ils arrivèrent devant la cour de récréation de la maternelle.

« J'en veux pas de son vieux Jeannot lapin »,
grogna Howie.

« Écoute, Howie », gronda sa mère. « Ramona a été assez gentille pour partager son Jeannot lapin avec toi, alors ne sois pas désagréable. » A Mme Quimby elle déclara, comme si Howie ne pouvait pas l'entendre : « Howie a besoin d'apprendre les bonnes manières. »

Partager ! Ramona avait appris ce que c'était à la garderie, où il fallait soit partager un truc à elle qu'elle ne voulait pas partager, soit partager un truc qui appartenait à quelqu'un d'autre et qu'elle ne voulait pas partager non plus. « Ça ne fait rien, Howie », intervint-elle. « Tu n'es pas obligé de partager mon lapin. »

Howie parut reconnaissant, mais sa mère lui fourra quand même le lapin entre les mains.

Au début de ce deuxième jour de maternelle, Ramona se sentit toute timide parce qu'elle n'était pas sûre de ce que Mlle Binney penserait d'une petite fille qu'on avait envoyée s'asseoir sur le banc.

Mais Mlle Binney sourit, dit: «Bonjour, Ramona», et parut avoir oublié tout ce qui s'était passé la veille.

Ramona assit Chevrolet dans son petit placard avec le canard sur la porte et attendit Montre et Raconte.

«Est-ce que quelqu'un a apporté quelque chose à montrer à la classe?» demanda Mlle Binney, après que les enfants eurent chanté la chanson des lobeluits.

Ramona se souvint de lever la main, et Mlle Binney lui demanda de venir à l'avant de la salle pour montrer à la classe ce qu'elle avait apporté. Ramona sortit Chevrolet de son placard et se planta à côté du bureau de Mlle Binney, où elle découvrit qu'elle ne savait pas quoi raconter.

Elle se tourna vers Mlle Binney pour trouver de l'aide.

Mlle Binney sourit d'un air encourageant.

«Y a-t-il quelque chose que tu aimerais nous raconter au sujet de ta poupée?»

«Je peux lui laver les cheveux pour de vrai», expliqua Ramona. «Ils sont un peu verts parce que je lui ai fait un rinçage bleu.»

«Et avec quoi tu les lui laves?» demanda Mlle Binney.

«Des tas de choses», répondit Ramona, qui commençait à aimer parler devant la classe. «Du savon, du shampooing, du détergent, du bain moussant. J'ai essayé avec du détartrant un jour, mais ça n'a pas marché.»

«Comment s'appelle ta poupée?» demanda Mlle Binney.

«Chevrolet», répondit Ramona. «Je l'ai appelée comme la voiture de ma tante.»

La classe se mit à rire, surtout les garçons. Ramona se sentit perdue, plantée là devant vingt-huit garçons et filles qui se moquaient d'elle. «Eh ben, c'est vrai!» s'écria-t-elle furieuse, presque en larmes. Chevrolet était un beau nom, et il n'y avait pas de quoi rire.

Mlle Binney ignora les rires et les gloussements. «Je trouve que Chevrolet est un nom ravissant», déclara-t-elle. Puis elle répéta : «Che-vro-let.» Comme Mlle Binney le prononçait, on aurait dit de la musique. «Répétez, les enfants.»

«Che-vro-let», ânonna la classe obéissante, et cette fois-ci personne ne rit. Le cœur de Ramona débordait d'amour pour sa maîtresse. Mlle Binney n'était pas comme la plupart des grandes personnes. Mlle Binney comprenait.

La maîtresse sourit à Ramona. «Merci, Ramona, d'avoir partagé Chevrolet avec nous.»

Après qu'une fille eut montré sa poupée qui parlait quand on tirait sur une ficelle qui lui sortait du dos, et qu'un garçon eut parlé à la classe du nouveau réfrigérateur de sa famille, Mlle Binney demanda : «Est-ce que quelqu'un d'autre a encore quelque chose à nous montrer ?»

«Ce garçon a apporté quelque chose»,

s'écria Susan aux boucles élastiques, en désignant Howie.

Boïng, pensa Ramona, comme à chaque fois que ces boucles attiraient son attention. Elle commençait à se rendre compte que Susan était une fille qui aimait commander.

«Howie, as-tu apporté quelque chose?» demanda Mlle Binney.

Howie prit un air embarrassé.

«Allez, Howie», l'encouragea Mlle Binney. «Montre-nous ce que tu as apporté.»

A contrecœur Howie alla à son placard et en sortit le lapin bleu et râpé à la queue mouillée. Il l'apporta jusqu'au bureau de Mlle Binney, fit face à la classe, et annonça d'un

ton froid : «C'est juste un vieux Jeannot lapin.»
La classe lui accorda très peu d'intérêt.

«Y a-t-il quelque chose que tu aies envie
de nous raconter au sujet de ton lapin?»
demanda Mlle Binney.

«Non», répondit Howie. «Je l'ai juste
apporté parce que ma mère m'a forcé.»

«Moi, je peux te dire quelque chose sur ton
lapin», déclara Mlle Binney. «Il a reçu beaucoup d'amour. C'est pour ça qu'il est si usé.»

Ramona était fascinée. Dans son imagina-
tion, elle voyait le chat couché sur le tapis, le
lapin entre les dents pour mieux le griffer avec
ses pattes de derrière. Le regard qu'Howie
lança au lapin manquait quelque peu d'amour.
Ramona attendit qu'il raconte que ce n'était
pas son lapin, mais il ne dit rien. Il resta planté
là devant eux.

Mlle Binney, voyant qu'il n'y avait rien à
faire pour encourager Howie à parler devant
la classe, ouvrit un tiroir de son bureau, et
glissa la main dedans en disant : «J'ai un cadeau

pour ton Jeannot lapin.» Elle sortit un ruban
rouge, prit le lapin des mains d'Howie, et lui
noua le ruban autour du cou en un nœud
superbe. «Voilà, Howie», déclara-t-elle. «Un
joli nœud tout neuf pour ton Jeannot lapin.»

Howie marmonna : «Merci», et à toute
vitesse alla cacher le lapin dans son placard.

Ramona était ravie. Elle avait l'impression
que le ruban rouge que Mlle Binney avait
donné à son vieux lapin remplaçait le trésor
qu'elle n'avait pas eu la veille. Toute la matinée, elle réfléchit à ce qu'elle ferait avec ce
ruban rouge. Elle pourrait s'en servir pour

attacher ce qui restait de cheveux à Chevrolet. Elle pourrait l'échanger avec Beezus contre un truc de valeur, une bouteille de parfum vide ou du papier de couleur pas encore gribouillé. Pendant la sieste, Ramona eut la meilleure idée de toutes. Elle garderait le ruban pour quand elle aurait une bicyclette à deux roues. Alors elle le passerait entre les rayons et roulerait si vite que le ruban ne serait plus qu'une traînée rouge dans les roues qui tourneraient. Oui. C'était exactement ce qu'elle ferait avec son ruban rouge.

Quand la cloche de midi sonna, Mme Quimby, Mme Kemp et la petite Willa Jean attendaient derrière la palissade. «Howie», cria Mme Kemp, «n'oublie pas le Jeannot lapin de Ramona.»

«Oh, ce vieux truc-là», marmonna Howie, mais il retourna à son placard; Ramona emboîta le pas aux mamans.

«Howie a besoin d'apprendre à devenir responsable», expliquait Mme Kemp.

Quand Howie les eut rattrapées, il dénoua le ruban et refila le lapin à Ramona. « Tiens. Prends ton vieux lapin », grogna-t-il.

Ramona le prit et dit : « Donne-moi mon ruban. »

« Ce n'est pas ton ruban », protesta Howie. « C'est mon ruban. »

Les deux mères étaient si occupées à discuter de leurs enfants qui avaient besoin de devenir responsables, qu'elles ne prêtèrent pas attention à la discussion.

«C'est pas vrai!» s'indigna Ramona. «C'est mon ruban!»

«Mlle Binney me l'a donné.» Howie était si calme et si sûr d'avoir raison que Ramona était hors d'elle. Elle essaya d'attraper le ruban, mais Howie l'en empêcha.

«Mlle Binney l'a noué autour du cou de mon lapin, alors c'est *mon* ruban!» assura-t-elle, d'une voix plus forte.

«Non», répondit Howie d'un ton calme et froid.

«Les rubans, c'est pas pour les garçons», lui rappela Ramona. «Alors donne-le-moi!»

«Il n'est pas à toi.» Howie n'était pas excité du tout, seulement buté.

L'attitude d'Howie rendit Ramona folle de rage. Elle voulait qu'il s'énerve. Elle voulait qu'il se mette en colère. «Il est à moi aussi!» hurla-t-elle d'une voix perçante, et les mamans finirent enfin par se retourner.

«Que se passe-t-il?» demanda Mme Quimby.

«Howie a mon ruban et il ne veut pas me le rendre», cria Ramona, dans une telle colère qu'elle était au bord des larmes.

«C'est pas à elle», soutint Howie.

Les deux mères se regardèrent. «Howie, où as-tu trouvé ce ruban?» demanda Mme Kemp.

«Mlle Binney me l'a donné», répondit Howie.

«Elle me l'a donné à *moi*», corrigea Ramona, en refoulant ses larmes. «Elle l'a noué autour du cou de mon lapin, alors c'est mon ruban.»

N'importe qui devrait pouvoir comprendre ça. N'importe qui de pas trop bête.

«Voyons, Howie», intervint sa mère. «Qu'est-ce qu'un grand garçon comme toi veut faire d'un ruban?»

Howie réfléchit à la question comme si sa mère attendait vraiment une réponse. «Euh…

je pourrais l'attacher à la queue d'un cerf-volant si j'avais un cerf-volant. »

« C'est juste pour ne pas me le donner », s'indigna Ramona. « C'est un égoïste. »

« Je ne suis pas égoïste », protesta Howie. « Tu veux un truc qui n'est pas à toi. »

« C'est *pas* vrai ! » hurla Ramona.

« Écoute, Ramona », dit sa mère. « Il n'y a pas de quoi faire une telle histoire pour un bout de ruban. Nous avons d'autres rubans à la maison que tu pourras prendre. »

Ramona ne savait pas comment expliquer ça à sa mère. Aucun autre ruban ne pourrait jamais remplacer celui-ci. Mlle Binney lui avait donné le ruban, et il le lui fallait parce qu'elle adorait Mlle Binney. Elle aurait voulu que Mlle Binney soit là parce que sa maîtresse, elle, elle comprendrait. C'était pas comme les mamans.

« Il est à moi. » C'était tout ce que Ramona trouvait à dire.

« Je sais ! » s'écria Mme Kemp, comme si

une idée lumineuse lui était venue à l'esprit. «Vous n'avez qu'à le partager, ce ruban.»

Ramona et Howie échangèrent un regard: ils étaient d'accord que rien ne serait pire que de partager le ruban.

Ils savaient tous les deux qu'il y a des choses qui ne pourraient jamais être partagées, et le ruban de Mlle Binney en était une. Ramona voulait ce ruban, et elle le voulait tout pour elle. Elle savait qu'un garçon crasseux comme Howie laisserait sans doute Willa Jean baver dessus et l'abîmer.

«C'est une bonne idée», reconnut Mme Quimby. «Ramona, laisse Howie faire la moitié du chemin avec, et toi tu pourras faire l'autre moitié.»

«Et puis qui est-ce qui l'aura?» demanda Howie, en formulant à haute voix la question qui était venue à l'esprit de Ramona.

«Nous pouvons le couper en deux pour que vous en ayez une moitié chacun», proposa Mme Kemp. «Nous déjeunons chez Ramona, et dès que nous arriverons, nous diviserons ce ruban en deux. »

Le beau ruban de Mlle Binney taillé en deux ! C'était affreux. Ramona fondit en larmes.

Sa moitié ne serait plus assez longue pour rien. Si un jour on lui offrait une bicyclette à deux roues, il n'y aurait pas assez de ruban pour le passer dans les rayons d'une roue. Il n'en resterait même pas assez pour attacher les cheveux de Chevrolet.

« J'en ai marre de partager », lança Howie. « Partager, partager, partager. Les grandes personnes ne savent parler que de ça. »

Ramona ne comprit pas du tout pourquoi les deux mamans éclatèrent de rire. Elle comprenait très bien ce que voulait dire Howie, et elle l'aima un peu mieux d'avoir dit ça. Elle avait toujours eu la désagréable impression d'être la seule à le penser.

« Voyons, Howie, ce n'est pas si terrible que ça », assura sa mère.

«Si», dit Howie, et Ramona acquiesça à travers ses larmes.

«Donne-moi ce ruban», demanda Mme Kemp. «Peut-être qu'après déjeuner tout le monde se sentira mieux.»

A contrecœur Howie remit le précieux ruban et lança: «Je parie qu'on va encore manger des sandwiches au thon.»

«Howie, c'est mal élevé», s'indigna sa mère.

Chez les Quimby, la mère de Ramona suggéra: «Ramona, et si tu emmenais Howie jouer avec ton tricycle pendant que je prépare le déjeuner?»

«Bonne idée, Ramona», dit Howie. Les deux mamans hissèrent la poussette de Willa Jean en haut des marches, et Ramona et lui partirent ensemble, que ça leur plaise ou non. Ramona s'assit en bas des marches et essaya de penser à une injure à lancer à Howie. «Crétin» n'était pas assez méchant. Si elle choisissait une des injures qu'elle avait entendu dire aux grands garçons à l'école, sa mère sortirait et la gronderait. Peut-être que «gros bêta» ferait l'affaire.

«Où est-ce qu'il est, ton tricycle?» demanda Howie.

«Dans le garage», répondit Ramona. «Je n'en fais plus maintenant que je suis à la maternelle.»

«Pourquoi ça?» s'étonna Howie.

«Je suis trop grande», expliqua Ramona. «Tous les autres ici ont des deux-roues. Il n'y a que les bébés qui roulent en tricycle.» Elle fit cette remarque parce qu'elle savait que Howie roulait encore en tricycle, et l'histoire du ruban l'avait mise tellement en colère qu'elle voulait le vexer.

Si Howie était vexé, il ne le montra pas. Il parut réfléchir à la remarque de Ramona avec sa sagesse habituelle. «Je pourrais enlever une des roues si j'avais des pinces et un tournevis», finit-il par proposer.

Ramona était indignée. «Et casser mon

tricycle ? » Howie voulait seulement lui attirer des ennuis.

« Ça ne le casserait pas », assura Howie. « Je les enlève tout le temps, les roues de mon tricycle. Tu peux rouler sur la roue avant et une roue arrière. Comme ça tu aurais un deux-roues. »

Ramona n'était pas convaincue.

« Allez, Ramona », insista Howie, cajoleur. « J'adore ça, enlever les roues des tricycles. »

Ramona réfléchit. « Si je te laisse enlever une roue, est-ce que tu me laisses le ruban ? »

« Euh... je crois bien. » Après tout, Howie était un garçon. Ça l'intéressait plus de démonter un tricycle que de jouer avec un ruban.

Ramona doutait des capacités d'Howie à transformer un tricycle en deux-roues, mais elle était décidée à avoir le ruban rouge de Mlle Binney.

Elle roula bruyamment son tricycle hors du garage. Puis elle trouva les pinces et le tournevis et les tendit à Howie, qui se mit à travailler avec un air de professionnel. Il se servit du tournevis pour faire sauter l'enjoliveur. Avec les pinces il redressa la goupille qui tenait la roue en place, la sortit de l'essieu, et retira la roue. Ensuite il remit la goupille dans son trou et tordit à nouveau les deux bouts pour que l'essieu ne bouge pas.

« Voilà », déclara-t-il, satisfait. Pour une fois il avait l'air heureux et sûr de lui. « Il faut que tu te penches un peu d'un côté quand tu roules. »

Ramona était si impressionnée par le travail d'Howie que sa colère commença à s'apaiser. Peut-être qu'Howie avait raison. Elle attrapa son tricycle par le guidon et se mit en selle. En se penchant sur le côté où la roue avait été retirée, elle réussit à trouver son équilibre et à descendre l'allée d'une façon hésitante, un peu en zigzag. « Hé ! Ça marche ! » cria-t-elle, quand elle atteignit le trottoir. Elle fit demi-tour et revint en pédalant vers Howie, qui,

devant le succès de sa transformation, l'attendait rayonnant.

«Je t'avais dit que ça marcherait», se vanta-t-il.

«Au début, je ne t'ai pas cru», avoua Ramona, qu'on ne verrait plus jamais rouler sur un tricycle de bébé.

La porte de derrière s'ouvrit, et Mme Quimby cria : «Venez, les enfants. Vos sandwiches au thon sont prêts.»

«T'as vu ma bicyclette?» cria Ramona, en pédalant en rond tout de traviole.

«Mais dis-moi, quelle grande fille!» s'exclama sa mère. «Comment as-tu réussi à faire ça?»

Ramona s'arrêta. «Howie m'a bricolé mon tricycle et m'a expliqué comment rouler avec.»

«Bravo!» s'écria Mme Quimby. «Tu te débrouilles drôlement bien avec des outils.»

Howie rayonna de plaisir.

«Et Maman», ajouta Ramona, «Howie a

dit que je peux garder le ruban de Mlle Binney.»

«C'est vrai», reconnut Howie. «Qu'est-ce
que je ferais d'un vieux ruban?»

«Je vais le passer dans les rayons avant de
mon deux-roues et rouler si vite qu'on ne verra
plus qu'une traînée», expliqua Ramona.
«Allez, viens, Howie, on va manger nos
sandwiches au thon.»

CHAPITRE 3
Travail assis

IL Y AVAIT deux styles d'enfants qui allaient à
la maternelle : ceux qui s'alignaient à côté de
la porte avant le début de l'école, comme on
le leur demandait, et ceux qui couraient dans
la cour de récréation et se précipitaient pour
se mettre en rang dès qu'ils voyaient approcher
Mlle Binney. Ramona courait dans la cour de
récréation.

Un matin où Ramona courait dans la cour de récréation, elle aperçut Davy qui attendait qu'Henry Huggins lui fasse traverser le carrefour.

Elle vit avec intérêt que Davy portait une cape noire fixée aux épaules avec deux grosses épingles de sûreté.

Henry arrêta deux voitures et un camion de ciment, et Ramona regarda Davy traverser la rue. Plus Ramona voyait Davy, plus elle l'aimait. C'était un garçon si gentil et timide, avec des yeux bleus et des cheveux souples et bruns. Ramona essayait toujours de choisir Davy comme partenaire pour les danses folkloriques, et quand la classe jouait au Canard Gris, Ramona désignait toujours Davy sauf s'il était déjà dans le pot de mélasse.

Quand Davy arriva, Ramona s'avança vers lui d'un pas décidé et demanda : « Tu es Batman ? »

« Non », répondit Davy.

« Tu es Superman ? » demanda Ramona.

«Non», répondit Davy.

Qui d'autre pouvait-il être avec une cape noire? Ramona s'arrêta et réfléchit, mais fut incapable de trouver un autre héros avec une cape.

«Alors, qui tu es?» finit-elle par demander.

«Mighty Mouse!» triompha Davy, ravi d'avoir bien eu Ramona.

«Je vais t'embrasser, Mighty Mouse!» hurla Ramona d'une voix perçante.

Davy se mit à courir et Ramona se lança à ses trousses. Ils tournèrent comme des fous dans la cour de récréation et la cape de Davy flottait derrière lui. Ramona le poursuivit sous les barres horizontales et autour de la cage à poules.

«Cours, Davy! Cours!» hurlaient les autres enfants, en bondissant sur place, jusqu'à ce qu'ils voient arriver Mlle Binney, et alors tout le monde se bouscula pour se mettre en rang.

Et tous les matins, quand Ramona arrivait

dans la cour de récréation, elle essayait d'attraper Davy pour l'embrasser.

«Voilà Ramona!» criaient les autres garçons et filles, quand ils voyaient Ramona descendre la rue. «Cours, Davy! Cours!»

Et Davy courait, Ramona sur ses talons. Ils tournaient comme des fous dans la cour de récréation, et la classe à grands cris encourageait Davy.

«Ce gamin devrait se lancer dans l'athlétisme quand il sera un peu plus vieux», entendit dire Ramona à l'un des ouvriers qui travaillaient de l'autre côté de la rue.

Un matin, Ramona arriva assez près pour attraper les habits de Davy, mais il se dégagea d'un coup sec, et fit sauter tous les boutons de sa chemise. Pour une fois, Davy s'arrêta de courir. «Regarde ce que tu as fait!» accusa-t-il. «Ma mère va être folle de rage contre toi.»

Ramona s'arrêta net. «Je n'ai rien fait», protesta-t-elle indignée. «Je me suis accrochée. C'est toi qui as tiré.»

«Voilà Mlle Binney», cria quelqu'un, et Ramona et Davy filèrent se mettre en rang à côté de la porte.

Après ça, Davy resta plus loin que jamais de Ramona, ce qui attrista Ramona parce que Davy était un garçon *si* gentil et qu'elle avait tellement envie de l'embrasser. Mais Ramona n'était pas triste au point d'arrêter de poursuivre Davy. Ils tournaient comme des fous chaque matin jusqu'à l'arrivée de Mlle Binney.

Mlle Binney, désormais, avait commencé à enseigner à sa classe autre chose que des jeux, les règlements de la maternelle et la mystérieuse chanson des lobeluits. Ramona trouvait que la maternelle se séparait en deux parties. La première partie, c'était la partie course, dans laquelle elle comptait les jeux, la danse, la peinture avec les doigts et les amusements. La seconde partie s'appelait travail assis. Le travail assis, c'était sérieux. Chacun devait travailler en silence à sa place sans déranger personne d'autre. Ramona avait beaucoup de mal à rester tranquille, parce qu'elle était toujours intéressée par ce que tous les autres faisaient. « Ramona, garde les yeux sur ton travail », répétait Mlle Binney, et parfois Ramona y pensait.

Comme premier devoir de travail assis, chaque élève de la classe fut prié de dessiner sa maison. Ramona, qui à l'école avait espéré apprendre à lire et à écrire, comme sa sœur Beezus, saisit ses crayons neufs pour dessiner sa maison avec deux fenêtres, une porte et une cheminée rouge. Avec son crayon vert elle griffonna quelques buissons. N'importe qui connaissant son quartier aurait reconnu sa maison, mais Ramona n'était pas tout à fait satisfaite. Elle regarda autour d'elle pour voir ce que faisaient les autres.

Susan avait dessiné sa maison et y ajoutait une fille avec des boucles *boïng-boïng* qui regardait par la fenêtre. Howie, qui avait dessiné sa maison avec la porte du garage ouverte et une voiture à l'intérieur, ajoutait une moto garée le long du trottoir. La maison de Davy ressemblait à une cabane construite par des garçons avec juste quelques vieilles planches et pas assez de clous. Elle penchait d'un côté d'un petit air fatigué.

Ramona considéra son dessin et résolut qu'il fallait qu'elle trouve quelque chose pour le rendre plus intéressant. Après avoir hésité entre plusieurs crayons de couleurs, elle choisit le noir et dessina des gros tourbillons qui sortaient des fenêtres.

« Tu ne dois pas gribouiller sur ton dessin », observa Howie, qui lui aussi s'intéressait un peu trop au travail des autres.

Ramona s'indigna. « Je ne gribouille pas. Le noir fait partie de mon dessin. »

Quand Mlle Binney demanda à la classe de

poser les dessins contre le tableau le long du porte-craies pour que tout le monde les voie, la classe remarqua le dessin de Ramona en premier, à cause de ses grands traits audacieux et des tourbillons noirs.

«Mlle Binney, Ramona a gribouillé partout sur sa maison», déclara Susan, qui, ça ne faisait plus de doute, était le genre de fille qui voulait toujours jouer au papa et à la maman pour être la mère et commander tout le monde.

«C'est pas vrai!» protesta Ramona, qui commençait à voir que son dessin allait être mal compris par la classe entière. Peut-être qu'elle avait eu tort d'essayer de le rendre intéressant. Peut-être que Mlle Binney ne voulait pas de dessins intéressants.

«Si, c'est vrai!» Joey se précipita sur le porte-craies et montra les tourbillons noirs de Ramona. «Regarde!»

La classe, et aussi Ramona, attendit que Mlle Binney déclare qu'on ne devait pas gribouiller sur son dessin, mais Mlle Binney se contenta de sourire et de remarquer : «Tu sais que tu dois rester assis, Joey. Ramona, si tu nous parlais de ton dessin.»

«Je n'ai pas gribouillé dessus», assura Ramona.

«Bien sûr que non», reconnut Mlle Binney.

Ramona aima sa maîtresse encore plus fort. «Voilà», expliqua-t-elle, «c'est pas des gribouillages noirs. C'est de la fumée qui sort des fenêtres.»

«Et pourquoi est-ce que de la fumée sort des fenêtres?» demanda gentiment Mlle Binney.

«Parce qu'il y a un feu dans la cheminée et que le tuyau est bouché», expliqua Ramona. «Il est bouché par le Père Noël, mais lui on ne le voit pas sur le dessin.» Ramona sourit timidement à sa maîtresse. «Je voulais rendre mon dessin intéressant.»

Mlle Binney lui sourit à son tour. «Et c'est réussi.»

Davy parut contrarié. «Et le Père Noël,

comment est-ce qu'il sort?» demanda-t-il. «Il ne reste pas là-dedans, hein?»

«Bien sûr qu'il sort», répondit Ramona. «Mais ça, je ne l'ai pas dessiné.»

Le lendemain, le travail assis devint plus difficile. Mlle Binney annonça que tout le monde devait apprendre à écrire son nom en lettres majuscules. Ramona vit tout de suite que cette histoire de noms n'était pas juste. Quand Mlle Binney donna à chaque élève de la classe un morceau de carton avec son nom inscrit dessus en majuscules, n'importe qui aurait pu voir qu'une fille qui s'appelait Ramona devrait travailler plus dur qu'une fille qui s'appelait Ann ou un garçon qui s'appelait Joe. Ce n'était pas que ça gênait Ramona d'avoir à travailler plus dur – elle était impatiente d'apprendre à lire et à écrire. Seulement, comme elle était la plus jeune de la famille et la plus jeune du quartier, elle avait l'habitude de repérer les situations injustes.

Avec soin, Ramona écrivit *R* comme Mlle

Binney l'avait écrit. *A*, c'était facile. Même un bébé saurait écrire *A*. Mlle Binney expliqua que le *A* était pointu comme un chapeau de sorcière, et Ramona avait décidé d'être une sorcière pour le défilé d'Halloween*.

O, c'était facile aussi. C'était un ballon tout rond. Les *O* de certains ressemblaient à des ballons dégonflés, mais les *O* de Ramona étaient des ballons pleins d'air.

«J'aime comme les *O* de Ramona sont des gros ballons pleins d'air», déclara Mlle Binney à la classe, et le cœur de Ramona s'emplit de joie. Mlle Binney préférait ses *O* à elle!

Mlle Binney se promena dans la classe en regardant par-dessus les épaules. «C'est bien, les enfants. Des jolis *A* bien pointus», remarqua-t-elle. «Des *A* avec des jolis pics en pointe. Non, Davy. Le *D* est tourné dans l'autre sens. Magnifique, Karen. J'aime comme le *K* de Karen a un joli dos bien droit.»

---

* *Halloween*: Veille de la Toussaint. Aux États-Unis, la coutume populaire veut que les enfants se déguisent à cette occasion, tout comme les enfants français le Mardi gras. (Ndt).

Ramona aurait voulu avoir un *K* dans son nom, pour pouvoir lui dessiner un joli dos bien droit. Ramona adorait comme Mlle Binney décrivait les lettres de l'alphabet, et elle l'écoutait tout en travaillant. Devant elle, Susan travaillait et jouait avec une boucle. Elle l'enroulait autour de son doigt, l'étirait et lâchait. *Boïng,* pensa Ramona automatiquement.

«Ramona, nous gardons les yeux sur notre travail», rappela Mlle Binney. «Non, Davy. Le *D* est tourné dans *l'autre* sens.»

Une fois encore Ramona se pencha sur son papier. La partie la plus difficile de son nom, découvrit-elle bientôt, c'était de mettre le bon nombre de pointes sur le *M* et le *N*. Parfois son nom devenait RANOMA, mais elle ne mit pas longtemps à se souvenir que les deux pointes venaient en premier. «Beau travail, Ramona», dit Mlle Binney la première fois que Ramona écrivit son nom sans faute. Ramona ne se tint plus de joie et d'amour pour Mlle Binney. Bientôt, elle en était sûre, elle saurait coller les lettres ensemble et écrire son nom à la façon cabossée des grands, comme Beezus savait écrire son nom.

Et puis Ramona découvrit que quelques garçons et filles avaient une lettre en plus avec un petit pâté derrière. «Mlle Binney, pourquoi est-ce que je n'ai pas une lettre avec un petit pâté derrière?» demanda-t-elle.

«Parce que nous n'avons qu'une Ramona», expliqua Mlle Binney. «Nous avons deux Éric. Éric Jones et Éric Ryan. Nous les appelons Éric

ERIC J.   ERIC R.

J. et Éric R., parce que nous ne voulons pas mélanger nos deux Éric.»

Ramona n'aimait pas rater quoi que ce soit. «Est-ce que je pourrais avoir une autre lettre avec un petit pâté?» demanda-t-elle, convaincue que Mlle Binney ne penserait pas qu'elle était une peste.

Mlle Binney sourit et se pencha sur la table de Ramona. «Bien sûr, tu peux. Voici comment on fait un Q. Un joli O bien rond avec une petite queue comme un chat. Et voici ton petit pâté, qui s'appelle un point.» Et puis Mlle Binney s'éloigna, pour continuer à surveiller le travail assis.

Ramona était enchantée de sa dernière initiale. Elle dessina un joli O bien rond à côté de celui que Mlle Binney avait dessiné, et puis elle ajouta une queue avant de se rejeter en arrière pour admirer son travail. Elle avait un ballon et deux chapeaux d'Halloween dans son prénom et un chat dans son nom de famille. Elle se demanda si quelqu'un d'autre dans la

maternelle du matin avait un nom aussi intéressant.

Le lendemain matin, à l'heure du travail
assis, Ramona s'entraîna à tracer des *Q* pendant que Mlle Binney faisait le tour de la classe
pour aider ceux qui avaient un *S* dans leur
nom. Tous les *S* avaient des problèmes. «Non,
Susan», dit Mlle Binney. «Le *S* se tient bien
droit. Il n'est pas couché comme si c'était un
petit ver qui rampait par terre.»

Susan tira sur une boucle et la lâcha.

Boïng, pensa Ramona.

«Mon Dieu, que de *S* qui rampent comme
des petits vers!», s'exclama Mlle Binney.

Ramona fut ravie d'avoir échappé au *S.*
Elle traça un autre *Q* et l'admira un moment
avant d'y ajouter deux petites oreilles pointues,
et puis elle ajouta deux poils de moustache de
chaque côté pour que sa lettre *Q* ressemble au
chat quand il était assis sur le tapis devant la
cheminée. Comme Mlle Binney allait être
contente! Mlle Binney dirait à la maternelle:

«Quel magnifique *Q* a dessiné Ramona! Il ressemble tout à fait à un chat.»

«Non, Davy», disait Mlle Binney. «Un *D* n'a pas quatre coins. Il a deux coins. Et un côté est arrondi comme la gorge d'un rouge-gorge.»

Cette conversation paraissait si intéressante que Ramona était curieuse de voir par elle-même le *D* de Davy. Elle attendit que Mlle Binney se soit éloignée, quitta sa place tout doucement et se pencha sur la table voisine pour regarder le *D* de Davy. Quelle déception! «Ce *D* ne ressemble pas à un rouge-gorge», chuchota-t-elle. «Il n'a pas une seule plume. Un rouge-gorge, il faut que ça ait des plumes.» Elle avait regardé très souvent des rouges-gorges picorer des vers sur la pelouse devant chez elle. Ils avaient tous des plumes sur la poitrine, des petites plumes douces ébouriffées par le vent.

Davy considéra son travail. Et puis il effaça la moitié de son *D* avec sa gomme et le redessina avec une série de petites pointes. Il ne ressemblait pas au *D* de Mlle Binney, mais il ressemblait, selon Ramona, beaucoup plus au devant d'un rouge-gorge avec des plumes ébouriffées par le vent, et c'était ça que voulait Mlle Binney, non? Un *D* comme un rouge-gorge.

«Beau travail, Davy», dit Ramona, en essayant de prendre le même ton que sa maîtresse. Maintenant, peut-être que Davy lui permettrait de l'embrasser.

«Ramona», dit Mlle Binney, «à ta place, s'il te plaît.» Elle revint jeter un coup d'œil au travail de Davy. «Non, Davy. Est-ce que je ne t'ai pas dit que la courbe d'un *D* est aussi lisse qu'un rouge-gorge? La tienne est toute hérissée.»

Davy parut perdu. «Ça, c'est les plumes», expliqua-t-il. «Des plumes comme un rouge-gorge.»

«Oh, je suis désolée, Davy. Je ne voulais pas te dire…» Mlle Binney sembla ne pas très bien savoir comment s'expliquer. «Je ne voulais pas te dire de montrer chaque plume. Je voulais que tu le dessines bien rond et lisse.»

«C'est Ramona qui m'a dit de le faire comme ça», protesta Davy. «Ramona dit qu'un rouge-gorge, c'est obligé d'avoir des plumes.»

«Ramona n'est pas la maîtresse de la maternelle.» La voix de Mlle Binney n'était pas vraiment fâchée, mais ce n'était pas sa douce voix habituelle. «Fais ton *D* comme je te l'ai montré et ne t'occupe pas de ce que raconte Ramona.»

Ramona se sentit toute perdue. Les choses avaient une façon si inattendue de tourner mal. Mlle Binney disait bien qu'un *D* devrait ressembler à une gorge de rouge-gorge, non? Et les rouges-gorges avaient des plumes, non? Alors pourquoi est-ce qu'on ne pouvait pas mettre des plumes à un *D*?

Davy lança un regard furieux à Ramona, prit sa gomme et effaça la moitié de son *D* pour la seconde fois. Il frotta si fort qu'il froissa le papier.

«Regarde ce que tu as fait», lança-t-il.

Ramona fut horrifiée. Ce cher petit Davy qu'elle aimait tant était en colère contre elle, et maintenant il courrait encore plus vite. Elle n'arriverait jamais à l'embrasser.

Et pire encore, Mlle Binney n'aimait pas les *D* avec des plumes, alors elle n'aimerait sans doute pas non plus les *Q* avec des oreilles et des moustaches. Avec l'espoir que sa maîtresse ne verrait pas ce qu'elle faisait, Ramona effaça en vitesse et à regret les oreilles et les moustaches à sa lettre *Q*.

Comme il avait l'air bête et tout nu, avec juste sa petite queue qui restait pour qu'il ne soit pas un *O!* Mlle Binney, qui pouvait comprendre que le Père Noël dans le tuyau faisait fumer la cheminée, risquait d'être déçue si elle savait que Ramona avait mis à sa lettre *Q* des oreilles et des moustaches, parce que l'alphabet ce n'était pas du dessin.

Ramona aimait tant Mlle Binney qu'elle ne voulait pas la décevoir. Jamais. Mlle Binney était la plus gentille maîtresse du monde entier.

CHAPITRE 4
La remplaçante

BIEN VITE, Mme Quimby et Mme Kemp décidèrent que le moment était venu pour Ramona et Howie d'aller à l'école tout seuls. Mme Kemp, avec Willa Jean dans sa poussette, accompagna Howie jusqu'à la maison des Quimby où la mère de Ramona l'invita à prendre une tasse de café.

«Tu as intérêt à planquer tes affaires», conseilla Howie à Ramona, pendant que sa

mère sortait sa petite sœur de sa poussette.
«Willa Jean rampe partout et mâchouille tout
ce qu'elle trouve.»

Pleine de reconnaissance, Ramona ferma
la porte de sa chambre.

«Voyons, Howie, surtout tu regardes bien
des deux côtés avant de traverser la rue»,
recommanda sa mère.

«Toi aussi, Ramona», dit Mme Quimby.
«Et surtout marche. Et marche sur le trottoir.
Ne cours pas sur la chaussée.»

«Et traverse entre les bandes blanches»,
ajouta Mme Kemp.

«Et attends l'écolier responsable de la circulation à côté de l'école», renchérit Mme
Quimby.

«Et ne parle pas aux inconnus», recommanda Mme Kemp.

Ramona et Howie, alourdis par la respon-
sabilité d'aller tout seuls à l'école, descendirent
la rue en traînant les pieds. Howie était encore
plus morose que d'habitude, parce qu'il était

le seul garçon de la maternelle qui portait un jean avec une seule poche revolver. Tous les autres garçons avaient deux poches revolver.

«C'est idiot», décréta Ramona, qu'Howie agaçait toujours un peu. Si Howie n'aimait pas son jean, pourquoi est-ce qu'il ne piquait pas une bonne grosse colère?

«Non, c'est pas idiot», la contredit Howie. «Les jeans avec une seule poche revolver, ça fait bébé.»

Au croisement, Ramona et Howie s'arrêtèrent et regardèrent des deux côtés. Ils virent une voiture arriver à un pâté de maisons de là, alors ils attendirent. Ils attendirent, et attendirent encore. Quand la voiture finit par passer, ils virent une autre voiture qui arrivait à un pâté de maisons de là dans la direction opposée. Ils attendirent encore un peu. Enfin la voie fut libre, et ils traversèrent la rue, les jambes raides tant ils se dépêchaient. «Ouf!» dit Howie, soulagé qu'ils soient arrivés sains et saufs de l'autre côté.

Le carrefour suivant était plus facile parce qu'Henry Huggins, avec son pull rouge et sa casquette jaune réglementaires, était l'écolier de service pour régler la circulation. Ramona n'était pas intimidée par Henry, même s'il arrêtait souvent des camions de ciment et de bois qui livraient des matériaux pour le marché en construction en face de l'école. Elle connaissait Henry et son chien Ribsy depuis toujours, et elle admirait Henry parce qu'il était responsable de la circulation, mais aussi parce qu'il livrait des journaux.

Ramona regarda Henry, qui se tenait pieds écartés et mains jointes derrière le dos. Ribsy était assis à côté de lui avec l'air lui aussi de surveiller la circulation. Rien que pour voir comment allait réagir Henry, Ramona descendit du trottoir.

«Remonte sur le trottoir, Ramona», ordonna Henry, par-dessus le bruit du chantier.

Ramona remit un pied sur le trottoir.

« Complètement, Ramona », dit Henry.

Ramona posa ses deux talons sur le trottoir, mais laissa ses doigts de pieds dépasser dans le vide. Henry ne pouvait pas dire qu'elle n'était pas sur le trottoir, alors il se contenta de lui lancer un regard furieux. Quand plusieurs garçons et filles attendirent pour traverser, Henry s'avança avec Ribsy qui cabriolait dans ses jambes.

« Fiche-moi le camp, Ribsy », grogna Henry entre ses dents. Ribsy ne lui accorda pas la moindre attention.

Juste devant Ramona, Henry exécuta un brusque demi-tour-marche, comme un vrai soldat. Ramona lui emboîta le pas en posant ses pieds aussi près que possible des tennis du garçon. Les autres enfants éclatèrent de rire.

Sur le trottoir d'en face, Henry essaya d'exécuter un autre demi-tour-marche militaire, mais il trébucha sur Ramona. « Zut alors, Ramona », s'écria-t-il furieux. « Si tu n'arrêtes pas ton cirque, je vais te dénoncer. »

«Ça ne se fait pas de dénoncer les maternelles», rigola un garçon plus vieux.

«Eh bien moi, je dénoncerai Ramona si elle
n'arrête pas son cirque», assura Henry. De
toute évidence Henry pensait que c'était bien

sa chance d'avoir à s'occuper d'un carrefour où Ramona traversait la rue.

Entre traverser la rue sans une grande personne et attirer à ce point l'attention d'Henry, Ramona se dit que cette journée était bien partie. Pourtant, quand Howie et elle approchèrent du bâtiment de la maternelle, elle vit tout de suite que quelque chose n'allait pas. La porte de la maternelle était déjà ouverte. Personne ne jouait sur la cage à poules. Personne ne courait dans la cour de récréation. Et personne n'attendait en rang à côté de la porte. Non, les garçons et les filles étaient blottis les uns contre les autres en petits groupes, comme des souris apeurées. Ils avaient tous l'air inquiet et de temps à autre quelqu'un qui semblait jouer les braves courait jusqu'à la porte ouverte, jetait un coup d'œil à l'intérieur, et revenait à toutes jambes vers l'un des groupes pour raconter quelque chose.

«Qu'est-ce qu'il se passe?» demanda Ramona.

«Mlle Binney n'est pas là», chuchota Susan. «C'est une autre dame.»

«Une remplaçante», précisa Éric R.

Mlle Binney pas là! Susan devait se tromper. Mlle Binney devait être là. La maternelle ne serait plus la maternelle sans Mlle Binney. Ramona courut à la porte pour voir ça de ses propres yeux. Susan avait raison. Mlle Binney n'était pas là. La femme qui s'affairait derrière le bureau de Mlle Binney était plus grande et plus vieille. Elle était aussi vieille qu'une maman. Elle portait une robe marron et des chaussures à talons plats.

Ramona n'aima pas du tout ce qu'elle vit, alors elle revint en courant vers un groupe de filles et de garçons. «Qu'est-ce qu'on va faire?» demanda-t-elle, convaincue d'avoir été abandonnée par Mlle Binney. Que sa maîtresse soit rentrée chez elle et pas revenue, ça n'allait pas du tout.

«Je crois que je vais rentrer chez moi», annonça Susan.

Ramona trouva que cette idée était très bébé de la part de Susan. Elle avait vu ce qu'il arrivait aux garçons et aux filles qui se sauvaient chez eux. Leurs mères les ramenaient aussitôt, et voilà tout. Non, rentrer à la maison, ce n'était pas la solution.

« Je parie que la remplaçante ne connaîtra même pas les règlements de notre maternelle », lança Howie.

Les enfants furent tous d'accord. Mlle Binney disait que suivre les règlements de leur maternelle était important. Comment cette inconnue connaîtrait-elle les règlements ? Une inconnue n'allait même pas connaître les noms des garçons et des filles. Elle risquait même de les confondre.

Toujours avec l'idée que Mlle Binney les avait trahis, Ramona résolut de ne pas entrer dans cette salle de maternelle avec cette maîtresse inconnue. Personne ne réussirait à l'y faire entrer. Mais où pourrait-elle aller ? Elle ne pouvait pas rentrer à la maison, parce que sa mère la ramènerait ici. Elle ne pouvait pas aller dans le bâtiment principal de l'école Glenwood, parce que tout le monde saurait qu'une fille de sa taille venait de la maternelle. Il fallait qu'elle se cache, mais où ?

Quand la première sonnerie retentit, Ramona comprit qu'il ne lui restait pas beaucoup de temps.

Il n'y avait pas une seule cachette dans la cour de récréation de la maternelle, alors elle contourna le petit bâtiment sur la pointe des pieds et se mêla au flot de garçons et de filles qui s'engouffrait dans le bâtiment de briques rouges.

«Hou, le bébé de maternelle !» cria un onzième au nez de Ramona.

«Crétin !» répondit Ramona avec à-propos. Elle ne voyait que deux endroits où se cacher : derrière le porte-vélos ou derrière une rangée de poubelles. Ramona choisit les poubelles. Quand les derniers enfants entrèrent dans le bâtiment, elle se mit à quatre pattes et se glissa dans l'espace entre les poubelles et le mur de briques rouges.

La deuxième sonnerie retentit. «Une, deux! Une, deux! Une, deux!» Les responsables de la circulation revenaient au pas de charge des carrefours situés aux quatre coins de l'école. Ramona se tapit sans bouger sur le goudron. «Une, deux!» Les responsables de la circulation, la tête haute, le regard fier, passèrent au pas devant les poubelles et entrèrent dans le bâtiment. La cour de récréation était silencieuse, et Ramona était seule.

Le chien d'Henry, Ribsy, qui avait suivi les responsables de la circulation jusqu'à la porte de l'école, arriva en trottinant pour flairer les poubelles. Il colla son nez par terre et renifla par-ci par-là; Ramona se fit toute petite; le goudron rugueux lui entamait les genoux. Le nez affairé de Ribsy le mena derrière la poubelle, face à face avec Ramona.

«Ouah!» fit Ribsy.

«Ribsy, va-t'en!» ordonna Ramona dans un souffle.

«R-r-r-ouah!» Ribsy savait que Ramona n'avait rien à faire derrière les poubelles.

«Tais-toi!» Ramona mit autant de férocité qu'elle put dans son chuchotement. Là-bas, dans la maternelle, la classe commença à chanter la chanson des lobeluits. Au moins la femme inconnue savait ça. Après la chanson des lobeluits, la maternelle resta silencieuse. Ramona se demanda si la maîtresse savait que Montre et Raconte venait après. Elle tendit l'oreille, mais n'entendit rien bouger dans le petit bâtiment.

L'espace entre le mur de brique et les

poubelles commença à sembler aussi froid qu'un réfrigérateur à Ramona dans son petit pull fin. Le goudron lui rentrait dans les genoux, alors elle s'assit jambes tendues, les pieds juste sous le nez de Ribsy.

Les minutes s'étirèrent.

A part Ribsy, Ramona était toute seule. Elle s'adossa aux briques rouges et glacées et se lamenta sur son sort. Pauvre petite Ramona, derrière les poubelles, toute seule, à part Ribsy. Mlle Binney serait désolée si elle savait à quoi elle avait forcé Ramona. Elle serait désolée si elle savait comme Ramona était gelée et seule. Ramona plaignit tant la pauvre enfant frissonnante cachée derrière les poubelles, qu'une larme et puis une autre roulèrent le long de ses joues. Elle renifla pitoyablement. Ribsy ouvrit un œil et la regarda avant de le refermer. Même le chien d'Henry se fichait de ce qu'il lui arrivait.

Au bout d'un moment, Ramona entendit la maternelle courir et rire dehors. Quelle trahison de tellement s'amuser quand Mlle Binney avait abandonné sa classe! Ramona se demanda si la maternelle s'ennuyait d'elle et si quelqu'un d'autre poursuivrait Davy et essaierait de l'embrasser. Et puis Ramona dut s'assoupir, parce que tout d'un coup c'était la récréation et la cour grouillait de grandes filles et de grands garçons qui criaient, hurlaient et jouaient au ballon. Ribsy avait disparu. Raidie par le froid, Ramona se fit aussi petite que possible.

Bong! Une balle rebondit avec fracas contre une poubelle. Ramona ferma les yeux et espéra que, puisqu'elle ne pouvait voir personne, personne ne pouvait la voir.

Des pas s'approchèrent de la balle en courant. «Hé!» s'écria une voix de garçon. «Il y a une petite gamine qui se cache là derrière!»

Ramona ouvrit les yeux brusquement. «Va-t'en!» lança-t-elle d'un ton féroce au garçon inconnu qui la regardait par-dessus les poubelles.

«Pourquoi est-ce que tu te caches là derrière ?» demanda le garçon.

« *Va-t'en !* » ordonna Ramona.

«Hé, Huggins !» hurla le garçon. «Il y a une petite gamine là derrière qui habite près de chez toi !»

Une seconde après, Henry regardait Ramona par-dessus les poubelles. «Qu'est-ce que tu fais là ?» demanda-t-il. «Tu devrais être à la maternelle.»

«Occupe-toi de tes oignons», riposta Ramona.

Évidemment, comme deux garçons regardaient derrière les poubelles, presque toute l'école rappliqua pour voir ce qu'il y avait de si intéressant. «Qu'est-ce qu'elle fabrique ?» demandait-on. «Pourquoi est-ce qu'elle se cache ? Est-ce que sa maîtresse sait qu'elle est ici ?»

Au milieu de toute cette excitation, Ramona se retrouva avec un autre problème.

«Allez chercher sa sœur», conseilla quelqu'un. «Ramenez Béatrice. Elle saura quoi faire.»

Personne n'eut besoin de chercher Beezus. Elle était déjà là. «Ramona Géraldine Quimby!» s'écria-t-elle. «Sors d'ici tout de suite!»

«Non», rétorqua Ramona, en sachant très bien qu'elle ne pourrait rester là beaucoup plus longtemps.

«Ramona, attends un peu que Maman apprenne tout ça!» tempêta Beezus. «Tu vas te faire sonner les cloches!»

Ramona savait que Beezus avait raison, mais se faire sonner les cloches par sa mère n'était pas ce qui l'inquiétait pour l'instant.

«Voilà le surveillant de récréation», annonça quelqu'un.

Ramona dut s'avouer vaincue. Elle se mit à quatre pattes, et puis debout, et fit face à la foule amassée de l'autre côté des couvercles de poubelles; le surveillant de récréation s'approcha pour voir ce qui provoquait toute cette agitation.

«N'es-tu pas de la maternelle?» demanda-t-il.

«Je ne veux pas y aller, à la maternelle», décréta Ramona d'un ton buté, et elle jeta un regard anxieux à Beezus.

«Elle devrait être à la maternelle», reconnut Beezus, «mais elle a besoin d'aller aux cabinets.» Les grands garçons et les grandes filles trouvèrent cette remarque amusante, ce qui mit Ramona tellement en colère qu'elle eut envie de pleurer. Il n'y avait rien de drôle dans tout ça, et si elle ne se dépêchait pas…

Le surveillant de récréation se tourna vers Beezus. «Emmène-la aux cabinets et puis au bureau de la directrice. Elle trouvera ce qui ne va pas.»

Le début de la phrase fut un soulagement pour Ramona, mais la fin un vrai choc. Personne à la maternelle du matin n'avait jamais été envoyé au bureau de Mlle Mullen dans le grand bâtiment, sauf pour apporter un mot de Mlle Binney, et encore les enfants y allaient par deux, parce que la commission était vraiment effrayante. «Qu'est-ce qu'elle va me faire, la directrice ?» demanda Ramona, tandis que Beezus l'emmenait vers les cabinets des filles dans le grand bâtiment.

«Je ne sais pas», répondit Beezus. «Te parler, j'imagine, ou téléphoner à Maman. Ramona, pourquoi a-t-il fallu que tu fasses un truc aussi bête que de te cacher derrière les poubelles ?»

«Parce que.» Ramona était fâchée puisque Beezus était si fâchée. Quand les deux filles sortirent des cabinets, Ramona, de mauvaise grâce, se laissa mener au bureau de la directrice, où elle se sentit effrayée et toute petite même si elle essayait de ne pas le montrer.

«C'est ma petite sœur Ramona», expliqua Beezus à la secrétaire de Mlle Mullen, dans l'antichambre. «Elle est à la maternelle, mais on l'a trouvée cachée derrière les poubelles.»

Mlle Mullen avait dû les entendre, parce qu'elle sortit de son bureau. Malgré sa frayeur,

Ramona se ressaisit pour lancer : « J'irai plus à la maternelle ! »

« Tiens, bonjour, Ramona », dit Mlle Mullen. « Très bien, Béatrice. Tu peux retourner en classe. Je m'en charge. »

Ramona voulait rester près de sa sœur, mais Beezus sortit du bureau et la laissa seule avec la directrice, la personne la plus importante de toute l'école. Ramona se sentit toute petite et pitoyable avec ses genoux encore marqués par le goudron. Mlle Mullen sourit, comme si la conduite de Ramona n'avait aucune impor-tance, et déclara : « C'est vraiment embêtant que Mlle Binney ait dû rester chez elle à cause d'un mal de gorge, non ? Je sais que ça a dû être une grosse surprise de trouver une maî-tresse inconnue dans ta classe de maternelle. »

Ramona se demanda comment Mlle Mullen en savait autant. La directrice ne se donna même pas la peine de demander ce que Ramona faisait derrière les poubelles. Elle ne plaignit pas un seul instant la pauvre petite fille aux genoux marqués de petits trous. Elle se contenta de prendre Ramona par la main et de déclarer : « Je vais te présenter à Mme Wilcox. Je suis sûre que tu l'aimeras beaucoup », et elle l'entraîna dans le couloir.

Ramona se sentit un peu indignée que Mlle Mullen ne demande pas pourquoi elle s'était cachée tout ce temps. Mlle Mullen ne remarqua même pas le visage si triste et barbouillé de larmes de Ramona. Ramona avait eu si froid et s'était sentie si seule et si malheureuse qu'elle trouvait que Mlle Mullen devrait montrer un peu d'intérêt. Elle s'était presque attendu à ce que la directrice s'écrie : « Oh, ma pauvre petite ! Pourquoi t'es-tu cachée derrière les poubelles ? »

Les expressions qui se peignirent sur les visages de la maternelle du matin, quand Ramona entra dans la pièce avec la directrice, compensèrent le manque d'intérêt de Mlle Mullen. Des yeux ronds, des bouches ouvertes, des visages interdits – Ramona était ravie de voir la classe tout entière la dévisager. *Ils* se faisaient du souci pour elle. *Ils* se préoccupaient de ce qu'il lui arrivait.

« Ramona, voici la remplaçante de Mlle Binney, Mme Wilcox », annonça Mlle Mullen. A la surveillante elle confia : « Ramona est un peu en retard ce matin. » Et c'est tout. Pas un mot pour raconter que Ramona avait eu si froid et s'était sentie si malheureuse. Pas un mot pour raconter quel courage elle avait eu de se cacher jusqu'à la récréation.

« Je suis contente de te voir, Ramona », déclara Mme Wilcox, quand la directrice s'en alla. « La classe dessine avec des crayons de couleurs. Qu'est-ce qu'il te plairait de dessiner ? »

C'était le moment du travail assis, et Mme Wilcox ne demandait même pas à la classe un vrai travail assis, elle les laissait dessiner comme si c'était le premier jour de maternelle. Ramona n'était pas du tout d'accord. Ça ne devait pas se passer comme ça. Elle se tourna vers Howie, qui griffonnait avec un crayon bleu pour dessiner un ciel en haut de sa feuille, et vers Davy, qui dessinait un homme dont les bras paraissaient sortir des oreilles. Ils étaient très occupés et ravis de dessiner ce qu'il leur plaisait.

«Alors, Ramona, que vas-tu faire?»

«Marquer vingt Q», déclara Ramona prise d'une soudaine inspiration.

«Marc est vaincu, par qui?» demanda Mme Wilcox, en lui tendant une feuille de papier à dessin.

Ramona était persuadée depuis le début que la remplaçante ne pouvait pas être aussi intelligente que Mlle Binney, mais au moins elle avait pensé qu'elle connaîtrait la lettre Q. Toutes les grandes personnes étaient censées connaître l'alphabet. «C'est rien», répondit Ramona, qui accepta la feuille de papier et, faussement timide sous les regards impressionnés de la maternelle, alla s'asseoir à sa place.

Au moins Ramona put tracer sa lettre Q à

sa façon. Oubliant la solitude et l'inconfort de la matinée, elle dessina une très belle ligne de Q, à la Ramona, et conclut qu'avoir une remplaçante ce n'était pas si mal que ça, finalement.

Mme Wilcox allait et venait dans l'allée centrale et regardait les dessins. «Oh, Ramona», s'exclama-t-elle, en s'arrêtant à côté du pupitre de Ramona, «quels ravissants petits chats tu as dessinés là ! Tu as des chatons à la maison ?»

Ramona fut désolée pour la pauvre Mme Wilcox, une maîtresse, une vraie dame, qui ne connaissait pas la lettre Q.

«Non», répondit-elle. «Notre chat est un matou.»

CHAPITRE 5
La bague de fiançailles de Ramona

«NON!» dit Ramona quand vint le premier matin de pluie après qu'elle eut commencé la maternelle.

«Si», dit Mme Quimby.

«Non!» dit Ramona. «J'veux pas!»

«Ramona, sois raisonnable», supplia Mme Quimby.

«Je ne veux pas être raisonnable», rétorqua Ramona. «J'ai horreur d'être raisonnable!»

«Voyons, Ramona», reprit sa mère, et Ramona comprit qu'on allait lui faire la leçon. «Tu as un imperméable neuf. Les bottes, ça coûte cher, et les anciennes bottes d'Howie sont en parfait état. Les semelles sont à peine usées.»

«Le dessus ne brille pas», expliqua Ramona à sa mère. «Et puis, elles sont marron, ses bottes. Les bottes marron, c'est pour les garçons.»

«Elles te tiennent les pieds au sec», insista Mme Quimby, «c'est à ça que ça sert, des bottes.»

Ramona se rendit compte qu'elle faisait la tête, mais elle ne pouvait pas s'en empêcher. Il n'y avait que les grandes personnes pour prétendre que des bottes, ça sert à avoir les pieds au sec. N'importe qui, à la maternelle, savait que le premier jour de pluie une fille devait porter des bottes brillantes rouges ou blanches, pas pour tenir ses pieds au sec, mais pour crâner. Ça servait à ça, les bottes – à crâner, à patauger, à éclabousser partout, à trépigner.

«Ramona», reprit Mme Quimby d'un ton sévère. «Je ne veux pas te voir avec cette tête. Soit tu mets ces bottes, soit tu restes à la maison et tu manques l'école.»

Ramona sentit que sa mère ne plaisantait pas, et, comme elle adorait la maternelle, elle s'assit par terre et enfila les abominables bottes marron, qui n'allaient pas avec son imperméable et son chapeau à fleurs en plastique neufs.

Howie arriva dans un ciré jaune assez long pour qu'il grandisse dedans pendant au moins deux ans, et un chapeau de pluie jaune qui lui cachait presque toute la figure. Sous l'imperméable, Ramona entr'aperçut une paire de bottes marron brillantes, dont elle se dit qu'il faudrait qu'elle les porte un jour, quand elles seraient vieilles, moches et sales.

«C'est mes vieilles bottes, ça», remarqua Howie, en regardant les pieds de Ramona quand ils se mirent en route pour l'école.

«T'as pas intérêt à le raconter aux autres.»

Ramona avançait en traînant des pieds presque trop lourds à soulever. C'était un matin idéal pour tous les veinards qui avaient des bottes neuves. Assez de pluie était tombée dans la nuit pour remplir les caniveaux de ruisseaux boueux, et pour que les vers de terre sortent des pelouses et viennent se tortiller sur le trottoir.

Le carrefour à côté de l'école était anormalement vide ce matin, parce que la pluie avait stoppé les travaux du nouveau marché. Ramona était si déprimée qu'elle ne taquina même pas Henry Huggins quand il la mena de l'autre côté de la rue. La cour de récréation de la maternelle, comme elle s'y attendait, grouillait de garçons et de filles en imperméables, la plupart trop grands, et en bottes, la plupart toutes neuves. Les filles portaient plusieurs styles d'imperméables et des bottes rouges ou blanches – toutes sauf Susan, qui tenait à la main ses bottes blanches toutes neuves pour ne pas les salir. Les garçons se ressemblaient tous, parce qu'ils portaient tous des impers et des chapeaux jaunes et des bottes marron. Ramona n'était même pas sûre de pouvoir reconnaître Davy, mais elle s'en fichait, ce matin. Ses pieds étaient trop lourds pour poursuivre qui que ce fût.

Une partie de la classe s'était alignée gentiment à côté de la porte, en attendant Mlle Binney, tandis que le reste courait, pataugeait, éclaboussait partout et trépignait. «C'est des bottes de garçon que tu as aux pieds», dit Susan à Ramona.

Ramona ne répondit pas. Elle ramassa un joli petit ver de terre rose qui se tortillait sur le sol de la cour de récréation et, sans vraiment y penser, l'enroula autour de son doigt.

«Regardez!» hurla Davy de dessous son grand chapeau de pluie. «Ramona a une bague en *ver de terre!*»

Ramona n'avait pas encore pensé que le ver lui faisait une bague, mais elle comprit tout de suite que l'idée était intéressante. «Regardez ma bague!» cria-t-elle, en fourrant son poing sous le visage le plus proche.

On en oublia provisoirement les bottes. Tout le monde fuyait Ramona et sa bague en hurlant.

«Regardez ma bague! Regardez ma bague!» criait Ramona, en courant dans la cour, ses pieds soudain beaucoup plus légers.

Quand Mlle Binney apparut au coin de la rue, la classe se bouscula pour se mettre en rang à côté de la porte. «Mlle Binney! Mlle Binney!» Chacun voulait être le premier à le lui annoncer. «Ramona a une bague en ver de terre!»

«C'est un ver de terre rose», précisa Ramona, en tendant la main. «Pas un vieux ver de terre mort et tout blanc.»

«Oh... quel joli ver!» s'écria Mlle Binney courageusement. «Il est si lisse et... rose.»

Ramona entra dans les détails.«C'est ma bague de fiançailles.»

«Avec qui tu es fiancée?» demanda Ann.

«Je n'ai pas encore décidé», répondit Ramona.

«Pas avec moi», lança Davy.

«Pas avec moi», dit Howie.

«Pas avec moi», dit Eric R.

«Eh bien… euh… Ramona…» Mlle Binney cherchait ses mots. «Je ne crois pas que tu doives porter ta… bague pendant la maternelle. Et si tu remettais le ver dans une flaque pour qu'il… reste frais?»

Mlle Binney pouvait lui demander n'importe quoi, Ramona était toujours contente de lui obéir. Elle déroula le ver de terre de son doigt et le posa doucement dans une flaque, où il resta tout mou et immobile.

Après cela, à chaque fois que sa mère l'obligeait à porter les vieilles bottes d'Howie à l'école, Ramona courait autour de la cour de récréation avec un ver de terre au doigt, et quand tout le monde demandait avec qui elle était fiancée, elle répondait: «Je n'ai pas encore décidé.»

«Pas avec moi!» s'écriait toujours Davy, imité par Howie, Eric R. et tout autre garçon qui se trouvait dans les parages.

Et puis, un samedi, Mme Quimby examina les chaussures éraflées de Ramona et découvrit que les talons étaient tout usés, et le cuir au bout était fichu parce que Ramona freinait son tricycle à deux roues bancal en traînant les pieds sur le ciment. Mme Quimby mit Ramona debout et tâta ses pieds à travers le cuir.

« Il est temps d'acheter une paire de chaussures neuves », décida Mme Quimby. « Prends ta veste et tes bottes, nous allons descendre en voiture au centre commercial. »

« Il ne pleut pas aujourd'hui », observa Ramona. « Pourquoi est-ce que je dois prendre des bottes ? »

« Pour voir si tu pourras les mettre par-dessus tes chaussures neuves », répondit sa mère. « Dépêche-toi, Ramona. »

Quand elles arrivèrent au magasin de chaussures, Ramona et sa mère s'assirent, et le vendeur préféré de Ramona s'exclama : « Qu'est-ce qu'elle a ma petite Pétunia aujourd'hui ? Tu ne me fais pas un petit sourire ? »

Ramona secoua la tête et regarda avec

tristesse et envie une rangée de belles bottes de filles bien brillantes exposées sur un mur du magasin. Et elle était assise là, avec à côté d'elle les vieilles bottes marron minables d'Howie.

Comment pouvait-elle sourire ? Une petite fille, un vrai bébé de garderie, qui avait aux pieds des bottes rouges flambant neuves, se balançait joyeusement sur le cheval à bascule du magasin pendant que sa mère payait.

« Bon, nous allons voir ce que nous pouvons faire pour vous », déclara le vendeur vivement, en déchaussant Ramona et en la faisant mettre debout, un pied posé sur la règle de mesure. Il ne lui fallut pas longtemps pour trouver la bonne paire de chaussures basses à lacets.

« Et maintenant essaie avec tes bottes », dit Mme Quimby de son ton autoritaire, quand Ramona eut fait l'aller et retour dans le magasin avec ses nouvelles chaussures.

Ramona, qui s'était assise par terre et avait attrapé une de ses abominables bottes, pensa une seconde faire semblant de ne pas pouvoir les enfiler. Pourtant, elle savait que le truc ne prendrait pas, parce que le monsieur du magasin de chaussures connaissait très bien les enfants et les chaussures. Elle tira de toutes ses forces, et puis par saccades, et réussit à entrer son pied presque jusqu'au bout. Quand elle se mit debout, elle était sur la pointe du pied à l'intérieur de la botte. Sa mère tira encore un peu, et sa chaussure entra complètement dans la botte.

«Voilà», dit Mme Quimby. Ramona soupira.

Le bébé de garderie arrêta de se balancer juste le temps d'annoncer au monde: «J'ai des bottes neuves.»

«Dis-moi, Pétunia», demanda le monsieur des chaussures. «Combien y a-t-il de garçons et de filles dans ta maternelle?»

«Vingt-neuf», répondit Ramona avec une mine d'enterrement. «Vingt-neuf, presque tous avec des bottes neuves.»

Le joyeux bébé de garderie bien botté descendit du cheval à bascule, prit son ballon-cadeau et quitta le magasin avec sa mère.

Le vendeur de chaussures s'adressa à Mme Quimby. «Les maîtresses de maternelle aiment que les bottes ne serrent pas trop pour que les enfants puissent se débrouiller seuls. Je doute que la maîtresse de Pétunia ait le temps de tirer sur cinquante-huit bottes.»

«Je n'y avais pas pensé», reconnut Mme Quimby. «Peut-être devrions-nous aussi voir une paire de bottes, après tout.»

«Je parie que Pétunia aimerait des bottes rouges», dit le vendeur. Ramona rayonna de plaisir, et il ajouta: «Il me semblait bien que ça te tirerait un sourire.»

Quand Ramona quitta le magasin avec ses magnifiques bottes rouges, des bottes *de fille,* dans une boîte qu'elle portait elle-même, elle était si remplie de joie qu'elle libéra son ballon pour le voir s'envoler au-dessus du parking et monter très haut dans le ciel jusqu'à ce qu'il ne soit plus qu'une minuscule tache rouge contre les nuages gris.

Les semelles raides de ses chaussures neuves faisaient un bruit si agréable sur le trottoir qu'elle se mit à cabrioler. Elle était un poney. Non, elle était l'un des Trois Petits Cochons, le plus petit, celui qui sautillait gaiement sur le pont sous lequel était caché le loup. Ramona sautilla gaiement tout du long jusqu'à la voiture, et quand elle arriva chez elle, elle sautilla dans l'entrée et dans toute la maison.

«Pour l'amour du ciel, Ramona», s'écria Mme Quimby, qui inscrivait le nom de Ramona dans ses bottes neuves, «tu ne pourrais pas marcher normalement?»

«Pas si je suis le plus petit des Trois Petits Cochons», répondit Ramona, et elle traversa l'entrée en sautillant jusqu'à sa chambre.

Malheureusement, il ne pleuvait pas le lendemain matin, alors Ramona laissa ses bottes neuves à la maison et sautilla jusqu'à l'école, où elle n'avait pas beaucoup de chances d'attraper Davy, parce qu'il courait trois fois plus vite qu'elle ne pouvait sautiller dans ses chaussures neuves et raides. Elle sautilla jusqu'à sa place et, plus tard, comme elle était chef de classe en dessin et devait distribuer les feuilles de papier, elle sautilla jusqu'au placard à fournitures et puis sautilla dans les allées d'une table à l'autre.

«Ramona, j'aimerais que tu marches plus silencieusement», remarqua Mlle Binney.

«Je suis le plus petit des Trois Petits Cochons», expliqua Ramona. «Je suis obligée de sautiller.»

«Tu pourras sautiller quand nous irons dehors.» La voix de Mlle Binney était ferme. «Tu n'es pas autorisée à sautiller dans la salle de classe.»

A la récréation, toute la classe se transforma en Petits Cochons et sautilla dans la cour, mais personne avec autant de joie et de bruit que Ramona. Les nuages qui s'amoncelaient, remarqua Ramona, étaient noirs et menaçants.

Et bien évidemment, le soir la pluie commença à tomber, et toute la nuit elle cingla la façade sud de la maison des Quimby. Le lendemain matin, Ramona, en bottes et en imperméable, était dehors bien avant qu'Howie arrive pour partir à l'école avec elle. Elle marcha dans la pelouse mouillée, et ses bottes devinrent encore plus brillantes une fois

trempées. Elle sauta dans toutes les petites flaques de l'allée. Elle descendit dans le caniveau et laissa l'eau boueuse passer sur les bouts de ses magnifiques bottes neuves. Elle ramassa des feuilles mouillées et construisit un barrage dans le caniveau, pour que l'eau monte encore plus haut autour de ses pieds. Howie, comme elle avait pu s'y attendre, était habitué à ses bottes neuves et pas excité le moins du monde. Il aimait beaucoup sauter dans les flaques, pourtant, et ensemble ils sautèrent dans les flaques et soulevèrent des gerbes d'eau sur tout le chemin de l'école.

Ramona s'arrêta net au carrefour surveillé par Henry Huggins avec son ciré jaune, son chapeau de pluie et ses bottes marron. «Regarde toute cette belle boue», s'exclama-t-elle en montrant l'endroit qui deviendrait le parking du nouveau marché. C'était une si jolie boue, grasse et marron, avec des flaques et des petites rivières dans les ornières laissées par les camions de construction. C'était la boue la plus belle, la boue la plus boueuse, la boue la plus tentante que Ramona ait jamais vue. Et pour couronner le tout, il pleuvait tant qu'il n'y avait pas un seul ouvrier sur le chantier pour interdire à qui que ce soit de venir piétiner dans la boue.

«Viens, Howie», dit Ramona. «Je vais voir si mes bottes marchent bien dans la gadoue.» Bien sûr, elle allait couvrir de boue ses bottes bien brillantes, mais cet après-midi, après la maternelle, elle pourrait s'amuser à les passer sous le tuyau d'arrosage.

Howie suivait déjà Henry pour traverser la rue.

Quand Henry exécuta son brusque demi-tour-marche, sur le trottoir opposé, il vit que Ramona était restée en arrière. «Tu devais traverser derrière moi», lui dit-il. «Maintenant il faudra que tu attendes que d'autres enfants arrivent.»

«Ça m'est égal», s'écria Ramona joyeusement, et elle partit d'un pas décidé vers la boue bien boueuse.

«Ramona, reviens ici immédiatement!» hurla Henry. «Tu vas faire des bêtises.»

«Les responsables de la circulation ne doivent pas parler en service», lui rappela Ramona, et elle alla tout droit dans la boue. A sa grande surprise, ses pieds commencèrent à se dérober sous elle. Elle ne s'était pas rendu compte que la boue ça glissait tellement. Elle réussit à retrouver son équilibre, et puis posa chaque pied avec lenteur et prudence avant de tirer son autre botte de la boue collante. Elle fit signe joyeusement à Henry, qui semblait en proie à un conflit intérieur. Il n'arrêtait pas d'ouvrir la bouche, comme s'il voulait dire quelque chose, et puis de la refermer. Ramona fit signe aussi aux élèves de la maternelle du matin, qui la regardaient à travers la palissade de la cour de récréation.

A chaque pas, une plus grosse quantité de boue s'accrochait à ses bottes. «Regardez mes pieds d'éléphant!» cria-t-elle. Ses bottes devenaient de plus en plus lourdes.

Henry cessa de lutter contre lui-même. «Tu vas rester embourbée!» hurla-t-il.

«Non, c'est pas vrai!» riposta Ramona, et

elle découvrit qu'elle ne pouvait plus soulever sa botte droite. Elle essaya de soulever sa botte gauche, mais elle était bel et bien embourbée. A deux mains elle attrapa le haut de l'une de ses bottes et essaya de soulever le pied, mais elle fut incapable de le bouger. Elle essaya de soulever l'autre pied, mais elle ne réussit pas à le bouger non plus. Henry avait raison. Mlle

Binney n'allait pas aimer ça, Ramona était embourbée.

«Je t'avais prévenue!» hurla Henry en désobéissant au règlement.

Ramona avait de plus en plus chaud sous son imperméable. Elle tira, souleva. Elle pouvait lever les pieds, l'un après l'autre, à l'intérieur de ses bottes, mais elle avait beau tirer et se cramponner des deux mains, elle ne pouvait pas sortir ses précieuses bottes de la boue.

Ramona avait de plus en plus chaud. Elle ne réussirait jamais à sortir de cette boue. La maternelle commencerait sans elle, et on la laisserait toute seule dans la boue. Mlle Binney n'aimerait pas qu'elle soit là dehors dans la boue, quand elle était censée être à l'intérieur et chanter la chanson des lobeluits et faire son travail assis. Le menton de Ramona se mit à trembler.

«Regardez Ramona! Regardez Ramona!» hurla d'une voix perçante la maternelle, au moment où Mlle Binney, en imperméable avec une capuche de plastique sur la tête, arrivait dans la cour de récréation.

«Oh, mon Dieu!» entendit Ramona s'écrier Mlle Binney.

Les conducteurs dans leurs voitures s'arrêtaient pour regarder la scène et souriaient tandis que les larmes se mêlaient à la pluie sur les joues de Ramona. Mlle Binney traversa la rue en éclaboussant autour d'elle. «Bon sang, Ramona, comment allons-nous te sortir de là?»

«Je n-ne sais pas», sanglota Ramona. Mlle Binney ne pouvait pas venir s'embourber elle aussi. La maternelle du matin avait besoin d'elle.

Un homme cria d'une voiture: «Ce qu'il vous faut, ce sont quelques planches.»

«Elles s'enliseront dans la gadoue, vos planches», rétorqua un passant sur le trottoir.

La première sonnerie retentit. Ramona sanglota plus fort. Maintenant, Mlle Binney était obligée de rentrer dans l'école et de la laisser toute seule dans la boue, la pluie et le froid. Déjà quelques-uns des grands garçons et des grandes filles la regardaient des fenêtres de la grande école.

«Voyons, ne t'inquiète pas, Ramona», dit Mlle Binney. «Nous trouverons bien une solution.»

Ramona, qui voulait se rendre utile, savait ce qu'il se passait quand une voiture était embourbée dans la gadoue. «Vous ne pourriez pas appeler une r-remorqueuse?» demanda-

t-elle en reniflant très fort. Elle se voyait déjà tirée hors de la boue par une grosse chaîne accrochée au col de son imperméable. Cette image la fascina tellement que ses sanglots se calmèrent, et qu'elle attendit pleine d'espoir la réponse de Mlle Binney.

La seconde sonnerie retentit. Mlle Binney ne regardait pas Ramona. Elle regardait Henry Huggins d'un air pensif; et Henry, lui, semblait fixer quelque chose très loin à l'horizon. L'agent de la circulation siffla pour ordonner aux écoliers responsables de la circulation de quitter leur poste et de rejoindre l'école.

«Toi!» cria Mlle Binney. «Le responsable de la circulation!»

«Qui ça? Moi?» demanda Henry, alors qu'il était le seul responsable de la circulation à ce carrefour-là.

«C'est Henry Huggins», précisa Ramona pour se rendre utile.

«Henry, viens ici, s'il te plaît», demanda Mlle Binney.

«Normalement je dois entrer en classe au coup de sifflet», expliqua Henry, en levant les yeux vers les garçons et les filles qui le regardaient là-haut dans le grand bâtiment de briques.

«Mais il y a urgence», souligna Mlle Binney. «Tu as des bottes aux pieds, et j'ai besoin de ton aide pour sortir cette petite fille de la boue. J'expliquerai tout à la directrice.»

Henry, loin de paraître enthousiaste, traversa la rue en éclaboussant tout autour de lui; quand il arriva devant le bourbier, il poussa un gros soupir. Puis il s'engagea avec prudence dans la gadoue et contourna les flaques jusqu'à Ramona.

«Regarde un peu ce que tu me fais faire», grogna-t-il, fâché. «Je t'avais prévenue de ne pas venir ici.»

Pour une fois, Ramona n'avait rien à répondre. Henry avait raison.

«Je parie qu'il va falloir que je te porte», reprit-il, et son ton était plein de rancœur. Il se pencha et attrapa Ramona par la taille; docile, elle passa les bras autour du col mouillé de son imperméable. Henry était grand et fort.

Et puis, Ramona, horrifiée, se sentit soulevée hors de ses magnifiques bottes neuves.

«Mes bottes!» pleurnicha-t-elle. «Tu laisses mes bottes!»

Henry dérapa, glissa, et malgré le poids de Ramona retrouva son équilibre. «Reste tranquille», ordonna-t-il. «Je te sors de là, non? Tu veux que nous atterrissions tous les deux dans la boue?»

Ramona s'accrocha à lui et ne dit plus rien. Henry zigzagua et dérapa dans la boue jusqu'au trottoir, où il déposa son fardeau aux pieds de Mlle Binney.

«Ouais!» hurlèrent des grands garçons qui avaient ouvert une fenêtre. «Ouais, Henry!» Henry leur lança un regard contrarié.

«Merci, Henry», dit Mlle Binney avec une sincère gratitude, pendant qu'Henry essayait de gratter la boue de ses bottes sur le bord du trottoir. «Qu'est-ce qu'on dit, Ramona?»

«Mes bottes», grogna Ramona. «Il a laissé mes bottes neuves dans la boue!» Comme elles semblaient perdues, deux taches rouges éclatantes dans toute cette boue! Elle ne pouvait pas laisser ses bottes, pas après les avoir attendues si longtemps. Quelqu'un risquait de les prendre, et elle serait obligée de refourrer ses pieds dans les vieilles bottes affreuses d'Howie.

«Ne t'inquiète pas, Ramona», dit Mlle Binney, et elle jeta un regard anxieux au reste de sa classe de maternelle qui se mouillait de plus en plus en restant à les regarder derrière la palissade. «Personne ne viendra te prendre tes bottes par une journée pareille. Nous irons les chercher quand il ne pleuvra plus et que le sol aura séché.»

«Mais elles vont se remplir de pluie sans mes pieds dedans», protesta Ramona. «La pluie va les abîmer.»

Mlle Binney compatit mais resta ferme. «Je te comprends, mais je crains qu'il n'y ait rien à faire.»

Les mots de Mlle Binney anéantirent

Ramona. Après tout ce temps où elle avait été obligée de porter les affreuses vieilles bottes marron d'Howie, elle ne pouvait pas laisser ses magnifiques bottes rouges toutes neuves dans la boue se remplir d'eau de pluie. «Je veux mes bottes», brailla-t-elle, et elle se remit à pleurer.

«Oh, ça va», dit Henry, furieux. «Je vais te les chercher, tes vieilles bottes. Mais arrête de pleurer.» Il poussa un autre soupir énorme, retourna en pataugeant dans le terrain vague, tira les bottes hors de la boue et revint, toujours en pataugeant, jusqu'au trottoir où il les lâcha aux pieds de Ramona. «Voilà», dit-il, en regardant dégoûté ces machins couverts de boue.

Ramona s'attendait à ce qu'il ajoute: «J'espère que tu es satisfaite», mais il ne dit rien. Il se contenta de traverser la rue en direction de l'école.

«Merci, Henry», cria Ramona dans son dos sans qu'on le lui demande. C'était formidable d'être sauvée par un grand et fort responsable de la circulation en imperméable jaune.

Mlle Binney ramassa les bottes pleines de boue et s'exclama: «Quelles magnifiques bottes rouges! Nous allons laver la boue dans l'évier, et elles seront comme neuves. Et maintenant nous devons retourner en vitesse à la maternelle.»

Ramona sourit à Mlle Binney, qui était de nouveau, se dit-elle, la plus gentille et la plus compréhensive maîtresse du monde entier. Mlle Binney n'avait pas une seule fois grondé Ramona ni fait de remarque agaçante pour savoir pourquoi Ramona avait inventé une bêtise pareille. Pas une seule fois Mlle Binney ne l'avait accusée de ne pas avoir été très maligne.

Et puis quelque chose sur le trottoir attira l'attention de Ramona. C'était un ver de terre rose qui avait encore un peu d'énergie pour se tortiller. Elle le ramassa et l'enroula autour de son doigt en regardant dans la direction d'Henry. «Je vais me marier avec toi, Henry Huggins!» cria-t-elle.

Même si les responsables de la circulation étaient censés se tenir très droits, Henry parut se voûter dans son imperméable, comme s'il essayait de disparaître.

«J'ai une bague de fiançailles, et je vais me marier avec toi!» hurla Ramona à Henry, tandis que la maternelle du matin riait et poussait des cris de joie.

«Ouais, Henry!» hurlèrent les grands garçons, avant que leur maîtresse ferme la fenêtre.

Ramona, qui traversait la rue sur les talons de Mlle Binney, entendit le cri joyeux de Davy: «Ouh là là, heureusement que c'est pas moi!»

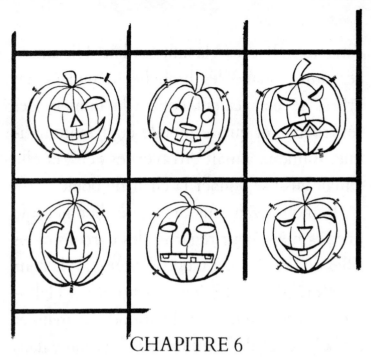

CHAPITRE 6
La plus pire sorcière du monde entier

QUAND la maternelle du matin découpa des lampions en forme de potiron dans du papier orange et les colla sur les fenêtres pour que la lumière brille à travers les trous de la bouche et des yeux, Ramona sut qu'enfin Halloween n'était pas loin. Après Noël et son anniversaire, Halloween était la fête préférée de Ramona. Elle aimait se déguiser et aller jouer à *Trick or*

*Treat** avec Beezus à la nuit tombée. Elle aimait ces nuits, quand les branches dénudées des arbres se balançaient contre la lumière des réverbères, et que le monde était fantomatique. Ramona aimait effrayer les gens, et elle aimait aussi se donner la chair de poule.

Ramona avait toujours adoré aller à l'école avec sa mère pour regarder les garçons et les filles de l'école Glenwood défiler dans la cour de récréation avec leurs costumes d'Halloween. Après, elle avait l'habitude de manger un beignet et de boire du jus de pomme dans un gobelet en carton – quand il en restait. Cette fois-ci, après des années passées assise sur les bancs avec les mamans, les petits frères et les petites sœurs, Ramona allait enfin se déguiser et défiler au pas dans la cour. Cette année, un beignet et du jus de pommes l'attendraient.

Trick or Treat: Jeu populaire américain pratiqué par les enfants qui, selon la tradition, se déguisent la veille de la Toussaint pour effectuer une «tournée de petits fous» dans leur entourage, qui les reçoit en leur distribuant des petits cadeaux. La phrase rituelle est «Trick or Treat»: donnez-moi un petit cadeau ou je vous joue un tour. (NdT).

«Maman, tu as acheté mon masque?» demandait Ramona tous les jours, quand elle rentrait de l'école.

«Pas aujourd'hui, ma chérie», répondait Mme Quimby. «Ne fais pas ta peste. Je te le ramènerai la prochaine fois que je descendrai au centre commercial.»

Ramona, qui n'avait eu aucune intention de faire sa peste, ne comprenait vraiment pas pourquoi les adultes étaient si lents. «Choisis-le affreux, le masque, Maman», précisait-elle. «Je veux être la plus pire sorcière du monde entier.»

«Tu veux dire la pire sorcière», corrigeait Beezus, à chaque fois qu'elle surprenait cette conversation.

«Non», protestait Ramona. «Je veux dire la plus pire sorcière.» «Plus pire sorcière» faisait beaucoup plus effrayant que «pire sorcière», et Ramona adorait les histoires de méchantes sorcières; plus elles étaient méchantes, mieux c'était. Elle n'avait aucune patience avec les livres qui racontaient des histoires de gentilles sorcières, parce que les sorcières, ça devait être méchant. C'était pour ça que Ramona avait choisi de se déguiser en sorcière.

Et puis un jour, quand Ramona rentra de l'école, elle trouva deux sacs en papier au pied de son lit. L'un contenait du tissu noir et un patron de costume de sorcière. Sur le dessin du patron, on voyait le chapeau de la sorcière, pointu comme la lettre *A*. Ramona glissa la main dans le deuxième sac et en sortit un masque de sorcière en caoutchouc si effrayant qu'elle le lâcha aussitôt sur le lit parce qu'elle n'était même pas sûre d'avoir envie de le toucher. Ce truc flasque avait la couleur gris verdâtre du moisi, des cheveux filasse, un nez crochu, des dents cassées et une verrue sur le nez. Ses yeux vides semblaient fixer Ramona d'un air diabolique. Le visage était si horrible, qu'avant de s'armer d'assez de courage pour le ramasser et le passer sur sa tête, Ramona

dut se rappeler que ce n'était qu'un masque
en caoutchouc acheté au supermarché.

Ramona jeta un petit coup d'œil prudent
dans la glace, recula, et puis rassembla son
courage pour regarder plus longtemps. C'est
vraiment moi là-dessous, se dit-elle et elle se
sentit mieux. Elle se précipita pour se montrer
à sa mère et découvrit qu'elle se sentait pleine
d'audace quand elle était derrière son masque
sans être obligée de le regarder. «Je suis la plus
pire sorcière du monde entier!» hurla-t-elle,
d'une voix étouffée par le masque, et elle fut
ravie quand sa mère eut tellement peur qu'elle
en lâcha sa couture.

Ramona attendit que Beezus et son père rentrent à la maison pour mettre son masque, leur sauter dessus et leur faire peur. Mais ce soir-là, avant d'aller au lit, elle roula le masque et le cacha au salon derrière un coussin du divan.

«Pourquoi est-ce que tu fais ça?» demanda Beezus, qui n'avait pas de quoi avoir peur. Elle avait l'intention de se déguiser en princesse et de porter un loup rose.

«Parce que ça me plaît», répondit Ramona, qui n'avait aucune envie de dormir dans la même pièce que ce visage horrible au regard mauvais.

Ensuite, quand Ramona voulait se faire peur, elle soulevait le coussin et jetait un petit coup d'œil à son masque effrayant, et puis elle rabattait le coussin dessus. C'était tellement drôle de se faire peur.

Quand le costume de Ramona fut terminé et qu'arriva le jour du défilé d'Halloween, la maternelle du matin eut du mal à s'asseoir pour le travail assis. Et puis ils se tortillèrent tant sur leurs matelas pendant la sieste que Mlle Binney dut attendre un long moment avant de trouver quelqu'un d'assez tranquille pour être la fée-réveille. Quand la classe fut enfin terminée, tous les enfants oublièrent les règlements et sortirent en débandade. A la maison, Ramona ne mangea que la mie de son sandwich au thon, parce que sa mère soutint qu'elle ne pouvait pas aller au défilé d'Halloween avec le ventre vide. Elle bourra les croûtes dans sa serviette en papier et les cacha sous le bord de son assiette avant de se précipiter dans sa chambre pour enfiler sa longue robe noire, mettre sa cape, son masque et son chapeau pointu de sorcière retenu par un élastique sous le menton. Ramona avait des doutes au sujet de cet élastique – aucune des sorcières qu'elle voyait dans les livres ne semblait avoir d'élastique sous le menton – mais aujourd'hui elle était trop heureuse et excitée pour se donner le mal de piquer une bonne grosse colère.

«Regarde, Maman!» cria-t-elle. «Je suis la plus pire sorcière du monde entier!»

Mme Quimby sourit à Ramona, lui donna une petit tape à travers la longue robe noire, et remarqua d'un ton affectueux: «Parfois, c'est bien mon avis.»

«Allez, viens, Maman! Allons, au défilé d'Halloween.» Ramona avait attendu si longtemps qu'elle ne voyait pas comment elle pourrait attendre cinq minutes de plus.

«J'ai dit à la mère d'Howie que nous les attendrions», dit Mme Quimby.

«Maman, c'était vraiment obligé?» protesta Ramona, en courant à la fenêtre de devant pour guetter Howie. Heureusement, Mme Kemp et Willa Jean approchaient déjà avec Howie, en costume de chat noir, qui marchait à la traîne en tenant le bout de sa queue à la main. Willa Jean dans sa poussette portait un masque de lapin aux grandes dents.

Ramona ne pouvait plus attendre. Elle se précipita dehors en hurlant sous son masque.

«Yah! Yah! Je suis la plus pire sorcière du monde entier! Dépêche-toi, Howie! Je vais t'attraper, Howie!»

Howie avançait, imperturbable, en traînant sa queue; alors Ramona courut à sa rencontre. Il ne portait pas de masque, mais il avait des cure-pipes collés aux joues avec du Scotch en guise de moustaches.

«Je suis la plus pire sorcière du monde entier», lui signala Ramona, «et tu peux être mon chat.»

«J'veux pas être ton chat», répondit Howie. «Et puis d'abord, j'veux pas être un chat.»

«Et pourquoi donc, Howie?» demanda Mme Quimby, qui avait rejoint Ramona et les Kemp. «Je te trouve adorable en chat.»

«Ma queue est fichue», se plaignit Howie. «Je n'ai pas envie d'être un chat avec une queue fichue.»

Mme Kemp soupira. «Voyons, Howie, si tu tiens le bout de ta queue, personne ne s'en apercevra.» Et puis elle expliqua à Mme Quimby: «Je lui avais promis un costume de pirate, mais sa sœur aînée était malade, et pendant que je lui prenais la température, Willa Jean a rampé dans le placard et elle s'est débrouillée pour renverser un litre entier d'huile de table sur le carrelage de la cuisine. Si vous avez déjà dû éponger de l'huile sur un sol, vous savez ce par quoi je suis passée, et puis Howie est allé à la salle de bains et a grimpé – oui, mon chéri, je comprends que tu voulais m'aider – pour prendre une éponge, et sans le vouloir il a posé un genou sur un tube de dentifrice que quelqu'un avait laissé ouvert –. du dentifrice a giclé dans toute la salle de bains, et j'ai encore dû nettoyer. Bon, finalement j'ai dû ressortir le vieux costume de chat de sa sœur d'un tiroir, et quand il l'a enfilé, nous avons découvert que le fil de fer de la queue était cassé, mais nous n'avions plus le temps de la découdre et d'en mettre un neuf.»

«Tu as une superbe paire de moustaches», remarqua Mme Quimby d'un ton cajoleur pour pousser Howie à voir la vie du bon côté.

«Le Scotch me gratte», grogna Howie.

Ramona se rendait bien compte qu'Howie ne serait pas drôle du tout, même à Halloween. Aucune importance. Elle s'amuserait toute seule. «Je suis la plus pire sorcière du monde entier», chantonna-t-elle de sa voix étouffée, en sautant à pieds joints. «Je suis la plus pire sorcière du monde entier.»

Quand ils arrivèrent en vue de la cour de

récréation, Ramona vit qu'elle grouillait déjà des maternelles du matin et de l'après-midi en costumes d'Halloween. Pauvre Mlle Binney, déguisée en Ma Mère L'Oie, qui devait s'occuper de soixante-huit garçons et filles! «Cours, Ramona», dit Mme Quimby, une fois la rue traversée. «La maman d'Howie et moi, nous irons directement à la grande cour de récréation et nous essaierons de trouver une place sur un banc avant que tout soit pris.»

Ramona courut en hurlant jusqu'à sa cour de récréation. «Yah! Yah! Je suis la plus pire sorcière du monde entier!» Personne ne lui prêta la moindre attention, parce que tous les autres hurlaient aussi. Le bruit était fantastique. Ramona cria, hurla, brailla et poursuivit tous ceux qui voulaient bien courir. Elle poursuivit des clochards, des fantômes et des ballerines. Parfois, d'autres sorcières avec des masques absolument semblables au sien la poursuivaient, et alors elle faisait volte-face et les pourchassait à son tour. Elle essaya de poursuivre Howie,

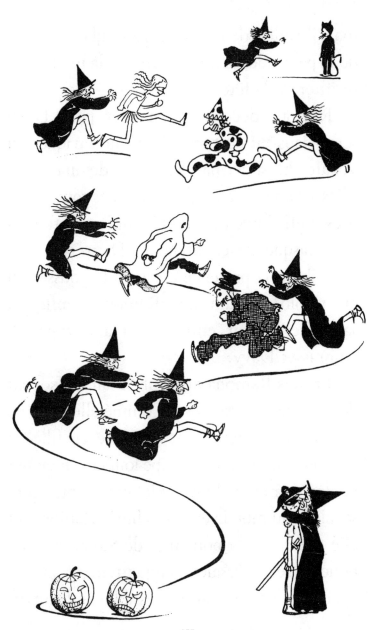

155

mais il refusa de courir. Il resta planté à côté de la palissade, sa queue cassée à la main, sans profiter de la fête.

Ramona découvrit son cher petit Davy serré dans un costume de pirate étriqué qui venait du supermarché. Elle devinait que c'était Davy à cause de ses jambes toute maigres. Enfin ! Elle bondit et l'embrassa à travers son masque de caoutchouc. Davy sursauta, mais il eut la présence d'esprit de pousser un cri rigolo pendant que Ramona s'enfuyait, satisfaite d'avoir enfin réussi à attraper et embrasser Davy.

Et puis Ramona aperçut Susan qui sortait de la voiture de sa mère. Comme elle avait pu s'en douter, Susan était déguisée en fille de l'ancien temps avec une jupe longue, un tablier et des pantalons longs. «Je suis la plus pire sorcière du monde entier !» hurla Ramona, et elle se lança à la poursuite de Susan dont les boucles rebondissaient coquettement sur ses épaules d'une façon impossible à déguiser.

Ramona fut incapable de résister. Après des semaines d'attente, elle tira d'un coup sec sur une des boucles de Susan et hurla : « *Boïng !* » à travers son masque en caoutchouc.

« Arrête », grogna Susan, et elle lissa ses boucles.

« Yah ! Yah ! Je suis la plus pire sorcière du monde entier ! » Ramona était surexcitée. Elle tira d'un petit coup sec sur une autre boucle et hurla un « *Boïng !* » étouffé.

La fille de l'ancien temps tapa du pied. « Toi, arrête », gronda-t-elle en colère.

« *Boïng ! Boïng !* » D'autres enfants entrèrent dans le jeu. Susan essaya de s'échapper, mais de tous les côtés il y avait quelqu'un qui mourait d'envie de tirer sur une boucle et de hurler « *Boïng !* » Susan courut vers Mlle Binney. « Mlle Binney ! Mlle Binney ! » cria-t-elle. « Ils m'embêtent ! Ils me tirent les cheveux et ils me boïng-boïnguent ! »

« Qui est-ce qui t'embête ? » demanda Mlle Binney.

«Tout le monde», répondit Susan éplorée. «C'est une sorcière qui a commencé.»

«Quelle sotte sorcière?» demanda Mlle Binney.

Susan regarda autour d'elle. «Je ne sais pas quelle sotte sorcière», avoua-t-elle, «mais c'était une méchante sorcière.»

C'est moi, la plus pire sorcière du monde entier, pensa Ramona. Et en même temps elle était un peu étonnée. Que les autres ne sachent pas qu'elle était derrière son masque ne lui était jamais venu à l'idée.

«Ce n'est pas grave, Susan», assura Mlle Binney. «Reste donc à côté de moi, et personne ne t'embêtera.»

Quelle sotte sorcière, pensa Ramona, ravie de la sonorité de ces mots. Quelle sotte sorcière, quelle sotte sorcière. Les mots tournoyaient dans sa tête, et Ramona commença à se demander si Mlle Binney pouvait deviner qui elle était. Elle se précipita vers sa maîtresse et hurla de sa voix étouffée: «Bonjour, Mlle

Binney! Je vais vous attraper, Mlle Binney!»

«Ooh, quelle sorcière effrayante!» s'écria Mlle Binney, plutôt distraitement, pensa Ramona. De toute évidence, Mlle Binney n'était pas vraiment effrayée, et au milieu de tant de sorcières lâchées dans la cour, elle n'avait pas reconnu Ramona.

Non, ce n'était pas Mlle Binney qui était effrayée, c'était Ramona. Mlle Binney ne savait pas qui était cette sorcière. Personne ne savait qui était Ramona, et si personne ne savait qui elle était, elle n'était personne.

«Pousse-toi de là, vieille sorcière!» hurla Éric R. à Ramona. Il ne dit pas: «Pousse-toi de là, Ramona.»

Ramona réfléchit et ne trouva pas une seule fois où quelqu'un dans les parages n'ait pas su qui elle était. Même au dernier Halloween, quand elle s'était déguisée en fantôme pour jouer à *Trick-or-Treat* avec Beezus et les grands garçons et les grandes filles, tout le monde avait parut savoir qui elle était.

«Il me semble deviner qui est ce petit fantôme», disaient les voisins, en laissant tomber une mini-barre de chocolat ou une poignée de cacahuètes dans son sac en papier. Et maintenant, avec toutes ces sorcières qui couraient ici, et d'autres encore dans la grande cour de récréation, personne ne savait qui elle était.

«Davy, devine qui je suis!» hurla Ramona. Elle était sûre que David saurait.

«Encore une vieille sorcière», répondit Davy.

Ramona n'avait jamais eu une impression aussi effrayante. Elle se sentit perdue sous son costume. Elle se demanda si sa mère saurait s'y retrouver dans toutes ces sorcières, et la pensée que sa propre mère risquait de ne pas la reconnaître épouvanta encore plus Ramona. Et si sa mère l'oubliait? Et si tous les gens du monde entier l'oubliaient? Terrifiée par cette pensée, Ramona arracha son masque, et même si sa laideur n'était plus le plus effrayant de l'affaire, elle le roula pour ne pas être obligée de le regarder.

Comme l'air était frais hors de cet.abominable masque! Ramona n'avait plus envie d'être la plus pire sorcière du monde entier. Elle voulait être Ramona Geraldine Quimby, et être sûre que Mlle Binney et tout le monde dans la cour de récréation la reconnaisse. Autour d'elle, les fantômes, les clochards et les pirates couraient et criaient, mais Ramona se planta à côté de la porte de la maternelle et les observa sans bouger.

Davy se précipita sur elle et hurla: «Yah! Essaie un peu de m'attraper!»

«Je n'ai pas envie de t'attraper», lui signala Ramona.

Davy eut l'air surpris et un peu déçu, mais il repartit de toute la vitesse de ses jambes maigrichonnes, en hurlant: «Yo-ho-ho et une bouteille de rhum!»

Joey cria dans son dos: «Tu n'es pas un vrai pirate. Tu es juste Davy Pot de Mélasse!»

Mlle Binney essayait de rassembler ses soixante-huit protégés en rangs par deux. Deux mères compatissantes aidaient la maîtresse à réunir les maternelles pour commencer le défilé d'Halloween, mais, comme toujours, il y avait des enfants qui préféraient courir dans tous les sens plutôt que d'obéir. Pour une fois Ramona n'était pas parmi eux. Dans la grande cour de récréation, quelqu'un fit jouer une marche dans le haut-parleur. Le défilé d'Halloween que Ramona attendait depuis qu'elle était à la garderie allait commencer.

« Venez, les enfants », cria Mlle Binney. Et voyant Ramona toute seule dans son coin, elle ajouta : « Viens, Ramona. »

Ce fut un grand soulagement pour Ramona d'entendre Mlle Binney prononcer son nom, d'entendre sa maîtresse prononcer « Ramona » avec les yeux posés sur elle. Mais bien que

Ramona mourût d'envie de gambader au son de la marche avec le reste de sa classe, elle ne bougea pas.

«Remets ton masque, Ramona, et mets-toi en rang», ordonna Mlle Binney, en menant un fantôme et une gitane à leurs places.

Ramona voulait obéir à sa maîtresse, mais en même temps elle avait peur de se perdre derrière ce masque effrayant. La file des maternelles, qui tous portaient des masques sauf Howie avec ses moustaches en cure-pipes, était moins désordonnée maintenant, et tous brûlaient d'impatience de commencer le défilé. Si Ramona ne trouvait pas une solution très vite, on l'abandonnerait ici, et elle ne pouvait pas permettre une chose pareille, elle qui avait attendu tant d'années pour faire partie d'un défilé d'Halloween.

Il ne fallut qu'un instant à Ramona pour se décider. Elle se précipita vers son placard à l'intérieur du bâtiment de maternelle et attrapa un crayon de couleur dans sa boîte. Et puis elle tira un bout de papier de l'armoire aux fournitures. Dehors, elle entendait les innombrables pieds des maternelles du matin et de l'après-midi marteler le sol en direction de la grande cour de récréation. Ramona n'avait pas le temps de s'appliquer à écrire, mais c'était sans importance. Ce n'était pas un travail assis, et Mlle Binney ne le superviserait pas. Le plus vite possible, Ramona écrivit son nom, et puis elle ne put pas résister au plaisir d'ajouter pour faire joli sa dernière initiale, au complet, avec les oreilles et les moustaches.

RAMONA

Maintenant le monde entier saurait qui elle était! Elle était Ramona Quimby, la seule fille au monde avec des oreilles et des moustaches à sa dernière initiale. Ramona tira sur son masque en caoutchouc, enfonça son chapeau pointu par-dessus, fit claquer l'élastique sous son menton et courut après sa classe qui entrait au pas dans la grande cour de récréation. Elle s'en fichait d'arriver en dernier et d'être obligée de marcher à côté d'Howie le morose qui traînait toujours sa queue cassée.

Sous le regard attentif des mamans, des petits frères et des petites sœurs, la maternelle fit au pas tout le tour de la cour suivie par les cours préparatoires et toutes les autres classes. Ramona se sentit vraiment une grande quand elle repensa que l'année d'avant elle était une petite sœur assise sur un banc en train de regarder sa grande sœur Beezus défiler, en espérant qu'on lui laisserait un beignet.

«Yah! Yah! Je suis la plus pire sorcière du

monde entier !» scanda Ramona, en levant bien haut sa pancarte pour que tout le monde la voie. Toujours en défilant, elle s'approcha au pas de sa mère qui attendait sur un banc. Sa mère l'aperçut, la désigna à Mme Kemp, et agita la main. Ramona rayonna de plaisir sous son masque étouffant. Sa mère la reconnaissait.

La pauvre petite Willa Jean dans sa poussette ne savait pas lire, alors Ramona lui cria : «C'est moi, Willa Jean. Je suis Ramona, la plus pire sorcière du monde entier !»

Willa Jean, sous son masque de lapin, comprit très bien. Elle rit et tapa des mains sur le plateau de sa poussette.

Ramona aperçut le chien d'Henry, Ribsy, qui arrivait au petit trot, pour surveiller le défilé. «Yah ! Ribsy ! Je vais t'attraper, Ribsy !» menaça-t-elle, en passant devant lui.

Ribsy jappa, et Ramona fut sûre que même le chien savait qui elle était, alors elle continua d'avancer pour recevoir son beignet et son jus de pomme.

CHAPITRE 7
Le jour où les choses tournèrent mal

LA JOURNÉE de Ramona s'annonçait très bien pour deux raisons, deux raisons qui prouvaient qu'elle devenait une grande. D'abord, elle avait une dent qui branlait, une dent qui branlait beaucoup, une dent qui se baladait d'avant en arrière avec juste un petit coup de langue. C'était sans doute la dent la plus branlante de toute la maternelle du matin, ce qui voulait dire que la petite souris viendrait enfin et d'ici peu rendre visite à Ramona.

Ramona avait quelques doutes au sujet de

la petite souris. Elle avait vu Beezus chercher sous son oreiller le matin, après avoir perdu une dent, et puis appeler : « Papa, ma dent est toujours là. La petite souris a oublié de venir ! »

« C'est drôle », répondait alors M. Quimby. « Tu en es sûre ? »

« Absolument. J'ai cherché ma pièce partout. »

« Laisse-moi chercher », proposait alors M. Quimby. Et lui il trouvait toujours la pièce de la petite souris.

Maintenant c'était bientôt le tour de Ramona. Elle avait l'intention de rester éveillée et de tendre un piège à la petite souris pour être sûre que c'était vraiment son père.

Ramona avait une dent qui branlait et elle sentait enfin qu'elle commençait à grandir. Mais ce n'était pas tout. Il faudrait qu'elle aille à l'école toute seule. Enfin ! Howie était coincé chez lui avec un rhume, et Mme Quimby devait accompagner Beezus en voiture chez le dentiste tôt le matin.

«Écoute, Ramona», dit Mme Quimby, en enfilant son manteau. «Je vais te faire confiance et te laisser toute seule un petit moment avant que tu partes pour l'école. Tu crois que tu pourras être sage?»

«Bien sûr, Maman», répondit Ramona, qui se trouvait toujours très sage.

«Surtout regarde bien la pendule», reprit Mme Quimby, «et pars pour l'école à huit heures un quart pile.»

«Oui, Maman.»

«Et regarde des deux côtés avant de traverser la rue.»

«Oui, Maman.»

Mme Quimby embrassa Ramona. «Et n'oublie pas de fermer la porte derrière toi quand tu partiras.»

«Oui, Maman», fut la réponse indulgente de Ramona. Elle ne comprenait pas pourquoi sa mère était si anxieuse.

Quand Mme Quimby et Beezus furent parties, Ramona s'assit à la table de la cuisine pour pousser sur sa dent et surveiller la pendule. La petite aiguille était sur huit, et la grande aiguille sur un. Ramona poussa sur sa dent avec son doigt. Et puis elle poussa dessus avec sa langue, d'arrière en avant, d'arrière en avant. La grande aiguille glissa tout doucement vers deux. Ramona attrapa sa dent entre ses doigts, mais elle avait beau rêver d'étonner sa mère avec un trou dans la bouche, elle avait trop peur de tirer sur sa dent. Elle recommença à pousser dessus.

La grande aiguille avança lentement vers trois. Ramona resta assise sur sa chaise à pousser sur sa dent et à être très sage comme elle l'avait promis. La grande aiguille rampa jusqu'à quatre. Quand elle arriva à cinq, Ramona crut qu'il était le quart et temps de partir à l'école. Un quart de dollar, c'était vingt-cinq cents. Donc, huit heures un quart c'était vingt-cinq minutes après huit heures. Elle avait trouvé la réponse toute seule.

Enfin la grande aiguille se traîna jusqu'à

cinq. Ramona se laissa glisser de sa chaise et claqua la porte derrière elle en partant à l'école toute seule. Jusque-là, pas de problème, mais dès qu'elle arriva sur le trottoir, elle sentit que quelque chose n'allait pas. Et elle comprit bien vite pourquoi. La rue était trop silencieuse. Personne d'autre n'allait à l'école. Ramona s'arrêta, déroutée. Peut-être qu'elle s'était trompée. Peut-être qu'aujourd'hui c'était samedi. Peut-être que sa mère avait oublié de regarder le calendrier.

Non, on ne pouvait pas être samedi, parce qu'hier c'était dimanche. En plus, il y avait le chien d'Henry Huggins, Ribsy, qui rentrait chez lui en trottinant après avoir accompagné Henry à l'école. Aujourd'hui, c'était un jour d'école, parce que Ribsy suivait Henry jusqu'à l'école tous les matins. Peut-être que la pendule était fausse. Paniquée, Ramona se mit à courir. Mlle Binney ne voudrait pas qu'elle arrive en retard à l'école. Elle réussit à ralentir et à regarder des deux côtés avant de traverser les rues, mais quand elle vit qu'Henry ne gardait pas son carrefour habituel, elle comprit que les écoliers responsables de la circulation étaient rentrés, et qu'elle était encore plus en retard qu'elle ne l'avait cru. Elle traversa la cour de récréation en trombe, et puis elle s'arrêta. La porte de la maternelle était fermée. Mlle Binney avait commencé la classe sans elle.

Ramona resta là un petit moment, haletante, en essayant de reprendre son souffle. Bien sûr, il était impossible que Mlle Binney l'attende quand elle était en retard, mais elle aurait bien aimé lui manquer tellement qu'elle aurait dit : « Les enfants, attendons Ramona. La maternelle n'est pas drôle du tout sans Ramona. »

Quand Ramona reprit sa respiration, elle sut ce qu'il fallait qu'elle fasse. Elle frappa et attendit que l'élève chargé de la porte vienne ouvrir. C'était Susan, qui remarqua d'un ton accusateur : « Tu es en retard. »

«Ce n'est pas grave, Susan», intervint Mlle Binney qui se tenait debout devant la classe et brandissait un sac en papier marron avec un gros *D* imprimé dessus. «Qu'est-il arrivé, Ramona?»

«Je ne sais pas», fut forcée de reconnaître Ramona. «Je suis partie à huit heures un quart comme maman m'avait dit.»

Mlle Binney sourit, et remarqua: «La prochaine fois, essaie de marcher un peu plus vite», avant de poursuivre où elle s'était arrêtée. «Voyons, qui peut deviner ce que j'ai dans ce sac avec la lettre *D* imprimée dessus? Souvenez-vous, c'est quelque chose qui commence par un *D*. Qui peut me dire quel est le son du *D*?»

«D-d-d-d-d», égrena la maternelle.

«Bien», dit Mlle Binney. «Davy, que crois-tu qu'il y ait dans le *sac*?» Mlle Binney avait tendance à insister sur la première lettre des mots maintenant que la classe travaillait sur le son des lettres.

«Dambour?» proposa Davy plein d'espoir. Il répondait presque toujours faux, mais il ne se décourageait pas.

«Non, Davy. *T*ambour commence par *T*. T-t-t-t-t. Ce que j'ai dans ce *sac* commence par *D*. D-d-d-d-d.»

Davy était tout penaud. Il avait été si sûr que tambour commençait par *D*.

D-d-d-d-d. La classe égrena le son gentiment tout en réfléchissant. «Déguisement?» proposa quelqu'un. Déguisement commençait par *D*, mais n'était pas dans le sac.

«D-d-d-d-décalcomanie?» Faux.

«Dauphin?» Encore faux. Comment pourrait-on mettre un dauphin dans un sac en papier?

D-d-d-d-d, égrena Ramona dans son coin en poussant sur sa dent avec ses doigts. «Dent?» suggéra-t-elle.

«*D*ent est un bon mot en *D*, Ramona», reconnut Mlle Binney, «mais ce n'est pas ce qu'il y a dans mon *sac*.»

Ramona était si contente du compliment de Mlle Binney qu'elle poussa sur sa dent encore plus fort et la retrouva tout à coup dans sa main. Un goût étrange lui emplit la bouche. Ramona considéra sa petite dent et fut étonnée de découvrir qu'un bout était sanguinolent. «Mlle Binney!» s'écria-t-elle sans lever la main. «Ma dent est tombée!»

Quelqu'un avait perdu une dent! La maternelle commença à s'attrouper autour de Ramona. «A vos places, s'il vous plaît, les enfants », demanda Mlle Binney. « Ramona, tu peux aller te rincer la bouche, et puis tu nous montreras ta *d*ent. »

Ramona obéit, et quand elle brandit sa dent pour que tout le monde l'admire, Mlle Binney dit : « *D*ent. D-d-d-d-d. »

Quand Ramona tira sur sa lèvre pour montrer le trou qu'avait occupé sa dent, Mlle Binney ne dit rien, parce que la classe travaillait sur le *D* et que trou ne commençait pas par un *D*.

En fait, Mlle Binney avait un d-d-d-d- dromadaire, en peluche bien sûr, dans le *s*ac.

Avant que la classe commence le travail assis, Ramona s'approcha de sa maîtresse avec sa précieuse dent sanguinolente et demanda : « Vous voulez bien me la garder ? »

Ramona voulait être sûre de ne pas perdre sa dent, parce qu'il la lui fallait comme appât pour attraper la petite souris. Elle avait l'intention d'empiler un tas de trucs bruyants, des casseroles, des moules à gâteaux et des jouets cassés, à côté de son lit pour que la petite souris trébuche dessus et la réveille.

Mlle Binney sourit et ouvrit le tiroir de son bureau. «Ta première *d*ent! Bien sûr, je vais la mettre en sûreté pour que tu puisses la ramener à la maison pour la petite souris. Tu es une fille courageuse.»

Ramona adorait Mlle Binney parce qu'elle comprenait. Elle adorait Mlle Binney parce qu'elle n'était pas fâchée quand elle arrivait en retard à l'école. Elle adorait Mlle Binney parce qu'elle lui disait qu'elle était courageuse.

Ramona était si contente que la matinée passa très vite. Le travail assis n'avait jamais été aussi intéressant. La maternelle avait maintenant des feuilles où s'alignaient des dessins, trois par trois, imprimés à l'encre violette par une ronéo. Une rangée montrait un dé, une fille et un doigt. La maternelle devait entourer le dé et le doigt, parce qu'ils commençaient tous les deux par *D,* et barrer la fille, parce que fille commençait par un son différent. Ramona adorait entourer et barrer, et fut désolée quand arriva l'heure de la récréation.

« Tu veux voir où était ma dent ? » demanda Ramona à Éric J., quand la classe en eut terminé pour la journée avec le *D* et sortit dans la cour de récréation. Elle ouvrit la bouche et tira sur sa lèvre inférieure.

Éric J. était rempli d'admiration. « Là où était ta dent, c'est plein de sang », lui signala-t-il.

Quelle gloire de perdre une dent ! Ramona courut vers Susan. « Tu veux voir où était ma dent ? » demanda-t-elle.

« Non », répondit Susan, « et je suis contente que tu sois arrivée en retard, comme ça j'ai pu ouvrir, le premier jour où j'étais chargée de la porte. »

Ramona fut indignée que Susan ait refusé d'admirer le trou plein de sang dans sa bouche. Personne d'autre n'avait perdu courageusement une dent pendant la classe. Ramona attrapa une des boucles de Susan, et avec délicatesse, pour ne pas tirer trop fort ni lui faire mal, elle l'étira et la laissa se recroqueviller. «*Boïng!*» hurla-t-elle et elle partit à toutes jambes, fit le tour de la cage à poules et revint vers Susan, qui s'apprêtait à monter les marches pour aller aux barres horizontales. Elle étira une autre boucle et brailla: «*Boïng!*»

«Ramona Quimby!» cria Susan d'une voix perçante. «Arrête de me boïng-boïnguer!»

Ramona débordait de fierté d'avoir perdu sa première dent, et d'amour pour sa maîtresse. Mlle Binney avait dit qu'elle était courageuse! Ce jour était le plus beau jour du monde entier! Le soleil brillait, le ciel était bleu, et Mlle Binney l'aimait. Ramona lança ses bras en avant et fit encore une fois le tour de la cage à poules, les pieds tout légers tant elle était joyeuse. Elle piqua sur Susan, étira une boucle et poussa un long et traînant «*Boï-ï-ïng!*»

«Mlle Binney!» cria Susan au bord des larmes. «Ramona me boïng-boïngue, et je parie que c'était elle la sorcière qui m'a boïng-boïngué au défilé d'Halloween!»

Rapporteuse, pensa Ramona avec mépris, en tournant autour de la cage à poules sur des pieds tout joyeux. Entourer Ramona, barrer Susan!

«Ramona», ordonna Mlle Binney, quand Ramona passa en coup de vent. «Viens ici. J'ai à te parler.»

Ramona fit demi-tour et les yeux remplis d'espoir regarda sa maîtresse.

«Ramona, tu dois arrêter de tirer les cheveux de Susan», déclara Mlle Binney.

«Oui, Mlle Binney», répondit Ramona, et elle fila en sautillant vers les barres horizontales.

Ramona avait l'intention d'arrêter de tirer sur les boucles de Susan, sincèrement, mais malheureusement Susan refusa de coopérer. Quand la récréation se termina et que les enfants rentrèrent en rang dans la classe, Susan se tourna vers Ramona, et lança: «Tu es une grosse peste.»

Susan n'aurait pas pu choisir un mot qui vexe plus Ramona. Beezus disait toujours qu'elle était une peste. Les grands garçons et les grandes filles de sa rue la traitaient de peste, mais Ramona ne trouvait pas qu'elle était une peste. Les gens qui la traitaient de peste ne comprenaient pas qu'un plus petit qu'eux avait parfois besoin d'être un tout petit peu plus bruyant et un tout petit peu plus têtu pour qu'on le remarque. Ramona était obligée de supporter que les grands garçons et les grandes filles la traitent de peste, mais si c'était une fille de son âge qui la traitait de peste, elle pouvait se défendre.

« Je ne suis pas une peste », protesta Ramona indignée, et pour se venger elle tira sur une boucle de Susan et chuchota : « *Boïng !* »

Mais Ramona n'avait pas la chance avec elle. Mlle Binney regardait justement de son côté. « Viens ici, Ramona », ordonna la maîtresse.

Ramona eut l'impression angoissante que, cette fois-ci, Mlle Binney ne comprendrait pas.

« Ramona, tu me déçois. » La voix de Mlle Binney était sérieuse.

Ramona n'avait jamais vu à sa maîtresse un air aussi sérieux. « Susan m'a traitée de peste », dit-elle d'une petite voix.

« Ce n'est pas une raison pour lui tirer les cheveux », reprit Mlle Binney. « Je t'ai demandé d'arrêter de tirer les cheveux de Susan, et je ne plaisantais pas. Si tu ne peux pas t'empêcher de tirer les cheveux de Susan, il faudra que tu rentres chez toi et que tu y restes autant de temps que ça durera.»

Ramona était bouleversée. Mlle Binney ne l'aimait plus. La classe était soudain silencieuse, et Ramona, les yeux rivés au sol, sentait presque tous les regards fixés sur son dos.

«Penses-tu pouvoir arrêter de tirer les cheveux de Susan?» demanda Mlle Binney.

Ramona réfléchit. Pouvait-elle vraiment arrêter de tirer les cheveux de Susan? Elle pensa à ces anglaises épaisses et élastiques qui étaient si tentantes. Elle pensa à Susan, qui faisait toujours son importante. A la maternelle, il n'existait pas de crime plus grave que de faire son important. Aux yeux des enfants, faire son important, c'était pire que de faire sa peste. Ramona leva enfin les yeux vers Mlle Binney et lui donna une réponse sincère. «Non», avoua-t-elle. «Je ne peux pas.»

Mlle Binney parut un peu surprise. «Très bien, Ramona. Il faudra que tu rentres chez toi et que tu y restes jusqu'à ce que tu aies décidé de ne pas tirer sur les boucles de Susan.»

«Tout de suite?» demanda Ramona d'une petite voix.

«Tu peux aller t'asseoir dehors sur le banc jusqu'à l'heure de la sortie», répondit Mlle Binney. «Je suis désolée, Ramona, mais pas question d'avoir une tireuse de cheveux dans notre maternelle.»

Personne ne souffla mot; Ramona fit demi-tour et sortit de la classe pour aller s'asseoir sur le banc. Les petits enfants d'à côté l'observèrent à travers la palissade. Les ouvriers d'en face la regardèrent amusés. Ramona poussa un long soupir vibrant, et elle réussit tout juste à retenir ses larmes. Personne ne verrait Ramona Quimby se comporter comme un bébé.

«Cette fille a encore été vilaine», entendit Ramona. C'était la fille d'à côté, celle de quatre ans, qui le disait à sa petite sœur.

Quand la sonnerie retentit, Mlle Binney ouvrit la porte pour regarder sortir sa classe, et elle dit à Ramona: «J'espère que tu décideras que tu peux t'arrêter de tirer les cheveux de Susan, et que tu pourras revenir à la maternelle.»

Ramona ne répondit pas. Ses pieds, qui ne bondissaient plus de joie, la ramenèrent lentement chez elle. Elle ne pourrait plus aller à la maternelle, parce que Mlle Binney ne l'aimait plus. Elle ne participerait plus à Montre et Raconte et ne jouerait plus jamais au Canard Gris. Elle ne travaillerait jamais à la dinde en papier que Mlle Binney apprendrait à fabriquer à la classe pour Thanksgiving[*].

[*]*Thanksgiving*: Fête observée chaque année le quatrième jeudi du mois de novembre. Le plat traditionnel, ce jour-là, est la dinde. (NdT).

Ramona renifla et passa la manche de son pull sur ses yeux. Elle adorait la maternelle, mais tout était fini. Barrer Ramona.

Et Ramona était déjà à mi-chemin de chez elle quand elle se souvint de sa précieuse dent rangée dans le bureau de Mlle Binney.

CHAPITRE 8
Lâcheuse de maternelle

«MON DIEU, Ramona, mais que se passe-t-il?» s'inquiéta Mme Quimby quand Ramona ouvrit la porte de derrière.

«Oh… rien.» Ramona n'eut pas de mal à cacher le vide entre ses dents. Elle n'avait pas la moindre envie de sourire, et ne pas avoir de dent à donner à la petite souris n'était pas le pire de ses ennuis.

Mme Quimby posa la main sur le front de Ramona.

«Tu te sens bien?» demanda-t-elle.

«Oui, je me sens bien», répondit Ramona, pour dire qu'elle n'avait pas une jambe cassée, un genou écorché ou la gorge irritée.

«Alors quelque chose d'autre ne va pas», insista Mme Quimby. «Je le vois sur ton visage.»

Ramona soupira. «Mlle Binney ne m'aime plus», confessa-t-elle.

«Mais si, elle t'aime, Mlle Binney», assura Mme Quimby. «Peut-être qu'elle n'aime pas tout ce que tu inventes, mais elle t'aime.»

«Non, c'est pas vrai», la contredit Ramona «Elle ne veut plus de moi là-bas.» Ramona se sentit toute triste en pensant aux récréations et au nouveau travail assis qu'elle allait manquer.

«Enfin, qu'est-ce que tu racontes?» Mme Quimby était perplexe. «Evidemment qu'elle veut de toi là-bas, Mlle Binney.»

«Non, c'est pas vrai», insista Ramona. «Elle m'a dit de ne pas revenir.»

«Mais pourquoi?»

«Elle ne m'aime pas», fut tout ce que répondit Ramona.

Mme Quimby était exaspérée. «Alors il s'est passé quelque chose. Il n'y a qu'une seule solution, c'est d'aller à l'école pour savoir quoi. Déjeune, et nous irons à l'école avant le début de la maternelle de l'après-midi pour comprendre de quoi il retourne.»

Quand Ramona eut grignoté son sandwich du bout des dents un petit moment, Mme Quimby dit vivement: «Enfile ton pull, Ramona, et viens.»

«Non», grogna Ramona. «J'veux pas y aller.»

«Oh que si, tu viens, jeune fille», répondit sa mère, et elle prit sa fille par la main.

Ramona savait qu'elle n'avait pas le choix quand sa mère commençait à l'appeler jeune fille. Elle traîna les pieds autant qu'elle put sur le chemin de l'école, où les maternelles de l'après-midi faisaient exactement comme les maternelles du matin. La moitié de la classe était alignée à côté de la porte et attendait Mlle Binney, pendant que l'autre moitié courait dans la cour de récréation. Ramona garda les yeux rivés au sol, parce qu'elle ne voulait pas qu'on la voie, et quand Mlle Binney arriva, Mme Quimby demanda à lui parler un instant.

Ramona ne leva pas les yeux. Sa mère la mena vers le banc à côté de la porte de la maternelle. «Assieds-toi ici et ne bouge pas, le temps que j'aie une petite conversation avec Mlle Binney», ordonna-t-elle à Ramona.

Ramona s'assit sur le banc, balança les pieds, pensa à sa dent rangée dans le tiroir de Mlle Binney, et se demanda ce que sa maîtresse et sa mère racontaient sur elle. A la fin, le suspense devint insupportable. Il fallait qu'elle bouge; alors elle se glissa vers la porte, aussi près que possible sans être vue, et elle écouta. La maternelle de l'après-midi et les ouvriers d'en face faisaient tant de bruit qu'elle ne put saisir que quelques expressions du genre «douée et imaginative», «bonne sociabilité» et «besoin négatif d'attirer l'attention». Ramona fut impressionnée et effrayée qu'on discute d'elle avec des grands mots aussi étranges, qui devaient vouloir dire que Mlle Binney la trouvait très, très vilaine. Quand enfin elle entendit sa mère se diriger vers la porte, elle retourna à toute vitesse sur le banc.

«Qu'est-ce qu'elle a dit?» Ramona mourait de curiosité.

Mme Quimby prit un air sévère. «Elle a dit qu'elle sera heureuse de te reprendre quand tu seras prête à revenir.»

«Alors je n'y retournerai pas», annonça Ramona. Elle ne retournerait jamais à la maternelle si sa maîtresse ne l'aimait pas. Jamais.

«Oh que si, tu y retourneras», promit Mme Quimby d'un ton las.

Ce n'était pas l'avis de Ramona.

Ainsi commença une période difficile chez les Quimby.

«Mais, Ramona, tu dois aller à la maternelle», protesta Beezus, quand elle rentra de l'école cet après-midi-là. «Tout le monde va à la maternelle.»

«Pas moi», riposta Ramona. «Avant, oui, mais c'est fini.»

Quand M. Quimby rentra de son travail, Mme Quimby le prit à part et lui parla à voix basse. Ramona ne fut pas dupe une seconde. Elle savait très bien ce qu'ils se chuchotaient.

«Voyons, Ramona, et si tu me racontais tout ce qu'il s'est passé à l'école aujourd'hui», proposa M. Quimby avec ce faux entrain qu'utilisent les grandes personnes quand elles essaient de persuader les enfants de raconter quelque chose qu'ils ne veulent pas raconter.

Ramona, qui mourait d'envie de courir vers son père et de lui montrer le trou où avait été sa dent, réfléchit un instant avant de déclarer : «Nous avons deviné ce que Mlle Binney avait dans un sac en papier et qui commençait par D, et Davy a trouvé *dambour*.»

«Et que s'est-il passé d'autre?» demanda M. Quimby, tout préparé à se montrer patient.

Ramona ne pouvait pas parler de sa dent à son père, et elle n'allait pas avouer qu'elle avait tiré les boucles de Susan. Il ne restait pas grand-chose d'autre à raconter. «Nous avons appris D», finit-elle par déclarer.

M. Quimby lança un long regard à sa fille, mais ne dit rien.

Après le dîner, Beezus discuta avec Mary Jane au téléphone, et Ramona l'entendit dire: «Devine! Ramona est une lâcheuse de maternelle!» Elle semblait trouver sa remarque très drôle, parce qu'elle gloussa dans le téléphone. Ramona n'y trouva rien d'amusant.

Plus tard, Beezus s'installa pour lire un livre pendant que Ramona sortait ses crayons et du papier.

«Beezus, tu n'as pas assez de lumière pour lire», remarqua Mme Quimby. Et elle ajouta, comme toujours: «Tu n'as qu'une paire d'yeux, tu sais.»

C'était l'occasion pour Ramona de faire étalage de ses nouvelles connaissances de maternelle. «Pourquoi tu n'allumes pas les lobeluits?» demanda-t-elle, fière de son mot tout neuf.

Beezus leva le nez de son livre. «Mais de quoi tu parles?» demanda-t-elle à Ramona. «Qu'est-ce que c'est, des lobeluits?»

Ramona la considéra avec mépris. «Idiote. Tout le monde sait ce que c'est, des lobeluits.»

«Pas moi», intervint M. Quimby, qui lisait le journal du soir. «Qu'est-ce que c'est, des lobeluits?»

«Des lampes», répondit Ramona. «On chante leur chanson tous les matins à la maternelle.»

Un silence perplexe tomba sur la pièce jusqu'à ce que Beezus hurle soudain de rire. «Elle-elle veut dire...» hoqueta-t-elle, «l'hymne américain, *La Bannière É-étoilée*!» Son rire

se mua en gloussements. «Elle veut dire *la lumière dès l'aube luit.*» Elle prononça chaque mot détaché de façon exagérée, et puis elle se remit à rire.

Ramona regarda sa mère et son père, qui avaient la bouche sérieuse et les yeux rieurs des grandes personnes qui essaient de ne pas rire tout haut. Beezus avait raison et elle, elle avait tort. Elle n'était rien du tout, juste une fille qui avant allait à la maternelle, qui comprenait tout de travers et faisait rire tout le monde. Elle était une petite sœur stupide. Une petite sœur bête et stupide, qui ne faisait jamais rien comme il faut.

Soudain, tout ce qu'il s'était passé ce jour-là submergea Ramona. Elle lança à sa sœur un regard furieux, traça une grande croix dans l'air avec la main et hurla: «Barrer Beezus!» Et puis elle jeta ses crayons par terre, tapa des pieds, éclata en sanglots et se précipita dans la chambre qu'elle partageait avec sa sœur.

«Ramona Quimby!» gronda son père d'un

ton sévère, et Ramona savait déjà qu'on allait lui ordonner de ramasser ses crayons. Bon, son père pouvait ordonner tout ce qu'il voulait. Elle n'irait pas ramasser ses crayons. Personne ne l'obligerait à ramasser ses crayons. Personne. Ni son père ni sa mère. Même pas la directrice. Même pas Dieu.

« Allons, ce n'est pas grave », entendit dire Ramona à sa mère. « Pauvre petite fille. Elle est contrariée. Elle a eu une journée difficile. »

La compassion empira la situation. « Je ne suis *pas* contrariée ! » hurla Ramona, et hurler lui fit tellement de bien qu'elle continua. « Je ne suis *pas* contrariée, et je ne suis pas une *petite* fille, et tout le monde est *méchant* de se moquer de moi ! » Elle se lança sur son lit et bourra le couvre-lit de coups de talon, mais taper des pieds sur le couvre-lit n'était pas assez vilain. Loin de là.

Ramona voulait être méchante, vraiment méchante, alors elle se retourna et frappa des talons sur le mur. Bang ! Bang ! Bang ! Ce bruit

devrait rendre tout le monde complètement zinzin.

«Méchants, méchants, méchants!» hurla-t-elle, en rythme avec le martèlement de ses talons. Elle voulait que sa famille se mette aussi en colère qu'elle l'était. «Méchants, méchants, méchants!»

Elle se réjouissait que ses talons laissent des marques sur le papier peint. Contente! Contente! Contente!

«Maman, Ramona donne des coups de pied dans le mur», cria Beezus la rapporteuse, comme si sa mère n'avait rien entendu. «C'est mon mur, à moi aussi!»

Ramona s'en fichait que Beezus rapporte. Elle voulait qu'elle rapporte. Ramona voulait que le monde entier sache qu'elle était si vilaine qu'elle tapait des pieds sur le mur et laissait des marques de talon sur le papier peint.

«Ramona, si tu as l'intention de continuer, tu ferais mieux d'enlever tes chaussures.» La voix de Mme Quimby, au salon, était fatiguée mais calme.

Ramona tambourina encore plus fort pour montrer à tout le monde comme elle était vilaine. Elle n'enlèverait *pas* ses chaussures. Elle était une affreuse et vilaine fille ! Être une si vilaine, affreuse, horrible et méchante petite fille lui faisait du *bien*! Elle lança ses deux talons contre le mur en même temps. Paf! Paf! Paf! Elle ne regrettait pas une seconde ce qu'elle était en train de faire. Elle ne le regretterait *jamais. Jamais! Jamais! Jamais!*

« Ramona ! » La voix de M. Quimby était menaçante. « Tu veux que je vienne te chercher ? »

Ramona s'arrêta et réfléchit. Est-ce qu'elle voulait que son père vienne la chercher ? Non, surtout pas. Son père, sa mère, personne ne pouvait comprendre comme c'était dur d'être une petite sœur. Elle tambourina des talons encore un peu pour prouver qu'elle n'était pas découragée. Et puis elle resta allongée sur son lit et remua des pensées féroces et sauvages jusqu'à ce que sa mère entre tout doucement, l'aide à se déshabiller et à se mettre au lit. Quand la lumière fut éteinte, Ramona se sentit si molle et fatiguée qu'elle s'endormit très vite. Après tout, elle n'avait pas de raison d'essayer de rester éveillée, puisque la petite souris ne passerait pas chez elle cette nuit.

Le lendemain matin, Mme Quimby entra dans la chambre des filles et demanda d'une voix enjouée à Ramona : « Quelle robe veux-tu mettre pour aller à l'école aujourd'hui ? »

L'espace vide dans sa bouche et les marques de talon sur le mur au-dessus de son lit rappelèrent à Ramona tout ce qu'il s'était passé la veille. «Je ne vais pas à l'école», décréta-t-elle, et elle attrapa sa tenue pour jouer à la maison pendant que Beezus enfilait une robe d'école toute propre.

Un jour affreux avait commencé. Personne ne dit grand-chose au petit déjeuner. Howie, qui était guéri de son rhume, s'arrêta pour prendre Ramona sur le chemin de l'école, et puis il continua sans elle. Ramona regarda tous les enfants du quartier partir à l'école, et quand la rue fut silencieuse, elle alluma la télévision.

Sa mère l'éteignit aussitôt, en déclarant: «Les petites filles qui ne vont pas à l'école n'ont pas le droit de regarder la télévision.»

Ramona sentit que sa mère ne comprenait pas. Elle voulait aller à l'école. Elle voulait aller à l'école plus que toute autre chose au monde, mais elle ne pouvait pas y retourner puisque sa maîtresse ne l'aimait pas. Ramona sortit ses crayons et du papier, que quelqu'un avait rangés à sa place, et s'installa pour dessiner. Elle dessina un bol, un chat et un ballon les uns à côté des autres, et puis, avec son crayon rouge, elle barra le chat, parce qu'il ne commençait pas par le même son que bol et ballon. Ensuite elle couvrit une page entière de Q façon Ramona, avec des oreilles et des moustaches.

La mère de Ramona ne plaignait pas sa pauvre petite fille. Elle se contenta de dire : « Va chercher ton pull, Ramona. Il faut que je descende au centre commercial. » Ramona regretta de ne pas avoir la pièce de la petite souris à dépenser.

Et ce fut la matinée la plus ennuyeuse de toute la vie de Ramona. Elle traîna derrière sa mère dans le centre commercial pendant que Mme Quimby achetait des chaussettes pour Beezus, des boutons et du fil, des taies d'oreiller en solde, un fil électrique neuf pour le gaufrier, un paquet de papier pour que

Ramona puisse dessiner et un patron. Regarder les patrons fut le pire moment. La mère de Ramona parut rester des heures assise à regarder des dessins de robes ennuyeuses.

Au début de la tournée de courses, Mme Quimby déclara: «Ramona, tu ne dois pas toucher aux produits dans les magasins.» Ensuite elle rappela: «Ramona, s'il te plaît, ne touche à rien.» Quand elles arrivèrent au rayon des patrons, elle gronda: «Ramona, combien de fois faudra-t-il que je te répète de ne t'approcher de rien?»

Quand Mme Quimby eut enfin choisi un patron et qu'elles quittaient le magasin, elles tombèrent par hasard sur Mme Wisser, une voisine. «Oh, bonjour», s'écria Mme Wisser. «Tiens, mais c'est Ramona! Je croyais qu'une grande fille comme toi allait à la maternelle.»

Ramona n'avait rien à répondre.

«Quel âge as-tu, ma cocotte?» demanda Mme Wisser.

Ramona n'avait toujours rien à répondre à

Mme Wisser, mais elle leva cinq doigts pour que la voisine les compte.

«Cinq ans!» s'exclama Mme Wisser. «Que se passe-t-il, ma cocotte? Le chat t'a pris ta langue?»

Ramona tira la langue juste assez pour montrer à Mme Wisser que le chat ne la lui avait pas mangée.

Mme Wisser resta sans voix.

«Ramona!» Mme Quimby était hors d'elle. «Je suis navrée, Mme Wisser. Ramona semble avoir oublié ses bonnes manières.» Après s'être ainsi excusée, elle lança avec colère: «Ramona Géraldine Quimby, que je ne te reprenne jamais à faire une chose pareille!»

«Mais Maman», protesta Ramona, que sa mère traînait sans ménagement vers le parking, «elle me l'a *demandé,* alors je lui ai montré…» Il était inutile de terminer la phrase, parce Mme Quimby n'écoutait pas, et puis elle n'aurait sans doute pas compris, même si elle avait écouté.

Mme Quimby et Ramona rentrèrent juste à l'heure où la maternelle du matin se dispersait sur le trottoir avec à la main le travail assis du matin à montrer aux mamans. Ramona se tapit sur le plancher de la voiture pour que personne ne la voie.

Plus tard dans l'après-midi, Beezus revint de l'école avec Mary Jane pour jouer. «C'était bien, la maternelle, aujourd'hui, Ramona?» demanda Mary Jane, d'un ton enjoué et faux. Ramona aurait parié que Mary Jane savait déjà qu'elle n'était pas allée à la maternelle.

«Ferme ta boîte à camembert!» riposta Ramona.

«Je parie qu'Henry Huggins ne voudra pas se marier avec une fille qui n'a pas terminé sa maternelle», insista Mary Jane.

«Oh, ne la taquine pas», intervint Beezus, qui pouvait très bien se moquer de sa sœur, mais qui était prompte à la protéger contre les autres. Ramona sortit et monta et descendit plusieurs fois l'allée sur son tricycle tout de traviole à deux roues, et puis elle retira tristement le ruban rouge de Mlle Binney, qu'elle avait passé entre les rayons de la roue avant.

Le second matin, Mme Quimby, sans un mot, sortit une robe du placard de Ramona.

Ramona prit la parole. «Je ne vais pas en classe», déclara-t-elle.

«Ramona, tu ne retourneras donc jamais à la maternelle?» demanda Mme Quimby avec lassitude.

«Si», répondit Ramona.

Mme Quimby sourit. «Parfait. Disons que c'est aujourd'hui.»

Ramona attrapa sa tenue pour jouer à la maison. «Non. Je resterai ici jusqu'à ce que Mlle Binney m'oublie complètement, et puis, quand j'y retournerai, elle croira que je suis quelqu'un d'autre.»

Mme Quimby soupira et secoua la tête. «Ramona, Mlle Binney ne t'oubliera pas.»

«Si, elle m'oubliera», insista Ramona. «Elle m'oubliera si je reste ici assez longtemps.»

Quelques grands enfants sur le chemin de l'école crièrent: «Lâcheuse!» en passant devant chez les Quimby. La journée fut très, très longue pour Ramona. Elle dessina encore un peu de travail assis pour elle toute seule, et après il n'y eut plus rien à faire sauf errer dans la maison en glissant sa langue dans le trou où avait été sa dent tout en gardant la bouche bien fermée.

Ce soir-là son père déclara: «Les sourires de ma petite fille me manquent.» Ramona réussit à faire un sourire les lèvres serrées, qui ne découvrait pas le trou entre ses dents. Plus tard, elle entendit son père dire quelque chose à sa mère à propos de «cette absurdité a assez duré», et sa mère répondit par quelque chose comme «Ramona doit décider toute seule d'être raisonnable».

Ramona perdit l'espoir. Personne ne comprenait. Elle voulait être raisonnable. Sauf quand elle martelait le mur de la chambre avec ses talons, elle avait toujours voulu être raisonnable. Pourquoi est-ce que personne n'arrivait à la comprendre ? D'abord, elle n'avait touché les cheveux de Susan que parce qu'ils étaient tellement beaux, et la dernière fois… bon, Susan avait été tellement autoritaire, elle méritait qu'on lui tire les cheveux.

Ramona découvrit bientôt que les enfants du quartier étaient fascinés par sa difficile situation. «Comment se fait-il que tu ne reviennes pas à l'école ?» demandaient-ils.

«Mlle Binney ne veut pas de moi», répondait Ramona.

«Tu t'es bien amusée à la maternelle aujourd'hui ?» demandait Mary Jane chaque jour, en faisant semblant de ne pas savoir que Ramona était restée à la maison. Ramona, qui n'était pas dupe une seule seconde, ne daignait pas répondre.

Henry Huggins fut celui, presque sans le vouloir, qui effraya vraiment Ramona. Un après-midi où elle pédalait sur son tricycle tout de traviole à deux roues et montait et descendait l'allée devant chez elle, Henry Huggins arriva sur sa bicyclette pour distribuer le *Journal*. Il s'arrêta devant la maison des Quimby, un pied posé sur le trottoir, et roula l'imprimé.

«Salut», dit Henry. «C'est un tricycle, ça.»

«C'est pas un tricycle», protesta Ramona avec dignité. «C'est mon deux-roues.»

Henry sourit et lança le journal sur le perron des Quimby. «Comment se fait-il que l'assistante sociale ne t'oblige pas à aller à l'école?» demanda-t-il.

«C'est quoi, une assistante sociale?» demanda Ramona.

«Une dame qui attrape les enfants qui ne vont pas à l'école», répondit Henry désinvolte, et il redémarra.

Une assistante sociale, se dit Ramona, ça devait être un peu comme le ramasseur de chiens qui venait parfois à l'école Glenwood, quand il y avait trop de chiens dans la cour de récréation. Il essayait d'attraper les chiens au lasso, et un jour où il avait réussi à attraper un vieux basset obèse, il l'avait enfermé à l'arrière de son camion et il était parti avec. Ramona ne voulait pas qu'une assistante sociale l'attrape et l'emmène ; alors elle rangea son tricycle tout de traviole à deux roues dans le garage, rentra dans la maison et resta là, à regarder les autres enfants à travers les rideaux et à glisser sa langue dans le trou où avait été sa dent.

« Ramona, pourquoi est-ce que tu fais de telles grimaces tout le temps ? » demanda Mme Quimby de cette voix lasse qu'elle avait depuis un jour ou deux.

Ramona ôta sa langue du trou. « Je ne fais pas de grimaces », répondit-elle. Très bientôt, sa dent de grande personne pousserait sans que la petite souris soit venue, et personne ne saurait jamais qu'elle avait perdu une dent. Elle se demanda ce que Mlle Binney avait fait de sa dent. Elle l'avait jetée, c'était presque sûr.

Le lendemain matin, Ramona continua à dessiner des rangées de trois dessins, à en entourer deux et à en barrer un, mais la matinée fut longue et solitaire. Ramona se sentait si seule qu'elle envisagea même de retourner à la maternelle, mais alors elle pensa à Mlle Binney, qui ne l'aimait plus et qui risquait de ne pas être contente de la revoir. Elle décida qu'il faudrait qu'elle attende beaucoup, beaucoup plus longtemps pour que Mlle Binney l'oublie.

«Quand est-ce que tu crois que Mlle Binney m'aura oubliée?» demanda Ramona à sa mère.

Mme Quimby embrassa Ramona sur le sommet de la tête. «Je me demande si elle t'oubliera un jour», répondit-elle. «Jamais, à mon avis, aussi longtemps qu'elle vivra.»

La situation était sans espoir. Au déjeuner, Ramona n'avait pas faim du tout quand elle s'assit devant une assiette de soupe, un sandwich et quelques bâtonnets de carottes. Elle mordit dans un bâtonnet de carotte, mais mâcher était long comme tout. Elle s'arrêta tout net de mâcher quand elle entendit sonner à la porte. Son cœur commença à battre. Peut-être que l'assistante sociale était enfin venue la chercher et l'emmènerait à l'arrière de son camion. Peut-être qu'elle devrait courir se cacher.

«Oh, Howie!» Ramona entendit sa mère s'exclamer. Sûre de l'avoir échappé belle, elle se remit à mâcher son bâtonnet de carotte. Elle ne risquait rien. Ce n'était qu'Howie.

«Entre donc, Howie», proposa Mme Quimby. «Ramona est en train de déjeuner. Voudrais-tu rester manger de la soupe et un sandwich? Je peux téléphoner à ta mère et demander si c'est d'accord.»

Ramona espérait qu'Howie resterait. Fallait-il qu'elle se sente seule!

«J'ai juste apporté une lettre à Ramona.»

Ramona quitta la table d'un bond. «Une lettre pour moi? De qui c'est?» C'était la première chose intéressante qui arrivait depuis des jours et des jours.

«Je ne sais pas», répondit Howie. «Mlle Binney m'a demandé de te la donner.»

Ramona arracha l'enveloppe des mains d'Howie, et, en effet, il y avait RAMONA écrit en lettres majuscules sur l'enveloppe.

«Laisse-moi te la lire», suggéra Mme Quimby.

«C'est *ma* lettre», protesta Ramona, et elle déchira l'enveloppe. Quand elle sortit la lettre, deux choses attirèrent en même temps son attention: sa dent fixée avec du Scotch en haut de la feuille et la première ligne, que

Ramona pouvait lire parce qu'elle savait comment commençaient toutes les lettres.

«CHÈRE RAMONA 𝒬»
était suivi par deux lignes écrites, que Ramona ne savait pas lire.

«Maman!» cria Ramona, remplie de joie. Mlle Binney n'avait pas jeté sa dent, et Mlle Binney avait dessiné des oreilles et des moustaches à sa lettre *Q*. La maîtresse aimait comme Ramona dessinait la lettre *Q*, alors elle devait aimer Ramona aussi. Tout espoir n'était pas perdu.

«Oh, Ramona!» Mme Quimby était stupéfaite. «Tu as perdu une dent! Quand est-ce arrivé?»

«A l'école», répondit Ramona, «et la voilà!» Elle brandit la lettre sous le nez de sa mère, et puis elle l'étudia avec attention, parce qu'elle aurait tant voulu pouvoir lire les mots de Mlle Binney toute seule. «Ça dit: *Chère Ramona Q. Voici ta dent. J'espère que la petite souris t'apportera un dollar. Tu me manques et je veux que* tu reviennes à la maternelle. *Grosses bises, Mlle Binney.* »

Mme Quimby sourit et tendit la main. « Pourquoi est-ce que tu ne me laisses pas lire la lettre ? »

Ramona lui donna la lettre. Peut-être que les mots ne disaient pas exactement ce qu'elle avait fait semblant de lire, mais elle était sûre qu'ils voulaient dire la même chose.

« *Chère Ramona Q.* », commença Mme Quimby. Et elle remarqua : « Oh, elle dessine la lettre Q comme toi. »

« Continue, Maman », s'impatienta Ramona, pressée d'entendre ce que disait vraiment la lettre.

Mme Quimby lut : « *Je suis désolée d'avoir oublié de te donner ta dent, mais je suis sûre que la petite souris comprendra. Quand reviens-tu à la maternelle ?* »

Ramona s'en fichait de savoir si la petite souris comprenait ou non. Mlle Binney comprenait et c'était tout ce qui comptait.

«Demain, Maman!» s'écria-t-elle. «Demain, je vais demain à la maternelle!»

«Bravo!» s'écria Mme Quimby et elle serra Ramona dans ses bras.

«Elle peut pas», remarqua Howie le terre-à-terre. «Demain c'est samedi.»

Ramona lança à Howie un regard apitoyé, mais elle demanda: «S'il te plaît, reste déjeuner, Howie. Il n'y a pas de thon. C'est du beurre de cacahuètes et de la confiture.»